꽃
섬 남
해

상상출판

꽃섬 남해

봄

NAMHAE ESSAY : 꽃섬 남해 ······ 006p
남해에서 온 엽서

SEASONS ISSUE : 꽃바다 ······ 010p
이슈 기획 _ 꽃바다
다랭이마을 유채꽃 | 두모 유채꽃 | 추도공원 동백꽃 | 왕지마을 벚꽃

SPECIAL PLACES : 설천면 ······ 020p
남해각 | 충렬사 | 산성식당 | 카페 윌마 | 돌탑갤러리 | 눈내목욕탕미술관 | 티라와 흙꿈노리
남해상상양떼목장 편백숲 | 대국산성 | 이순신바다공원

HIDDEN SPOTS : 보물찾기 ······ 032p
남해청년센터 바라 | 행복베이커리 | 단골집 | 화랑갈비 | 바래온 | 라키비움 남해 | 카페 톨
포토존 남해바다정원 | 순례자의 쉼터_물건리 샬롬장로교회 종탑 | 설리버스정류장

여름

NAMHAE ESSAY : 꽃섬 남해 ······ 040p
남해에서 온 편지

SEASONS ISSUE : 여름 바다 남해 ······ 044p
이슈 기획 _ 마린 액티브
남해군 요트학교 | 엘림마리나&리조트 | 남해 말라끼서프 | 설리체험마을
사색의 바다 사촌해변 | 두곡월포해변 | 모상개해변
걷는 바다 조도 바래길 | 호도 바래길

SPECIAL PLACES : 상주면&미조면 ······ 058p
상주은모래비치 | 미조항 활어멸치위판장 | 스페이스 미조
상록숲&무민사 | 설리스카이워크

HIDDEN SPOTS : 보물찾기 ······ 068p
윤스키친 | 가산식당 물회 | 유서방 회 떠가시다 | 명이네식당 | 옐로우츄도넛
촌집 화소반 | 1976해주핫도그 | 돌창고 프로젝트 | 옻채아트 | 이동복떡집 | 앵강마켓
남해 핫 캠핑장 남해군 힐링국민여가캠핑장(앵강다숲)
상주은모래비치 오토캠핑장 | 송정솔바람해변캠핑장
남해 핫 포토존 상주은모래비치 고개 전망대 | 앵강만 포토존 | 미조 바다전망대
금천갯벌체험장 연인 포토존 | 토피아랜드 편백나무숲

가을

NAMHAE ESSAY : 꽃섬 남해 ······ 082p
남해에서 온 편지

SEASONS ISSUE : 독일마을 맥주축제·독일마을 지도와 맥주축제 일정표 ······ 086p
이슈 기획 _ 독일마을 사람들 인터뷰 | 정동양 전 독일마을운영회장 |
호수 위의 집 서부임·울머 부부 | 알프스하우스 신병윤·서원숙 부부
로젠하우스 석숙자 | 뮌헨하우스 이병수 · 이영자 부부

SPECIAL PLACES : 삼동면 ······ 104p
원예예술촌 | 남해양마르뜨목장 | 내산플레이랜드 | 편백나무자연휴양림
바람흔적미술관 | 남해힐링숲
지족구거리(지족정다방/밝은달빛서점/사진관/뜻밖의 수확)

HIDDEN SPOTS : 보물찾기 ······ 114p
유즈노모레(불독) | 홀리조이(햄버거) | 도우(파스타)
카페 : 안화 | 박원숙의 커피앤스토리 | 물 건너온 세모점빵

겨울

NAMHAE ESSAY : 꽃섬 남해 ······ 122p
남해에서 온 엽서

SEASONS ISSUE : 남해읍 구석구석 골목길 여행 ······ 124p
남해 바닷길 | 남해읍내 바래길 | 어린왕자 골목길
동문안 전래놀이길 | 동문안 새미길 | 군청 앞 먹자골목 | 회나무소원거리

LOCAL ISSUE : 남해읍 핫플레이스 소문난 맛집 ······ 136p
국밥 | 백반 | 육고기 | 중국 음식 | 카페 & 브레드 | 남해 별미 | 남해읍 외곽 맛집

SEASONS ISSUE : 남해 해넘이&해맞이 명소 ······ 146p
해넘이 명소 사촌해수욕장 | 설리스카이워크 | 지족 노을
해맞이 명소 보리암 | 미조항 | 물건리 방조어부림

HIDDEN SPOTS : 겨울 실내 여행지 ······ 154p
이터널저니 | 화전어린이도서관 | 보물섬식물원 | 남해탈공연박물관

NAMHAE TRAVEL : 골목여행 스페셜 ······ 158p
남면사무소 앞 엄마길 | 서상숲길 이색공간 | 지족 구거리

MOVIE TRAVEL : 영화 <노량 : 죽음의 바다> ······ 162p

산, 바다, 길, 마을, 사람이 꽃 피는 여행의 마침표 '남해로 오시다' ······ 166p

Vol.봄
꽃섬에서 온
봄 편지

❀ NAMHAE ESSAY : 꽃섬 남해

너무 예뻐
당장 가고 싶은 꽃섬
남해 산책

꽃섬 남해는 4월이 되면 봄을 앓는 여행자들이 넘쳐난다. 치유법은 단 하나, 남해의 꽃밭 속에 파묻혀 허우적거리다 보면 자연스럽게 치유된다. 거기다 대지의 봄기운을 느끼고 바다 경치까지 더해준다면 더할 나위 없다. 2024년 어떠한 시련도 다 극복할 것만 같다.

꽃 백신 한 방 맞고 싶다면 보물섬이자 꽃섬인 남해를 가라. 남해대교를 건너자마자 이곳이 꽃 천국임을 알게 된다. 여느 벚나무가 아니라 묵직한 고목에서 핀 꽃은 솜사탕처럼 풍성하며 색 또한 곱다.
길가에 내걸린 '한국의 아름다운 길' 이정표는 얼마나 이 길이 황홀한지 말해준다. 꽃 터널을 달리다가 고갯마루에 서면 계단식 논과 남해대교 그리고 벚꽃길이 한 폭의 그림을 만들어낸다.

남해대교 교각 아래에 섰다. 이번에는 노란 유채꽃이 벚꽃과 서로 예쁘다고 싸우는 듯하다. 이 풍경에 엉덩이가 들썩거려 도무지 차에 앉아 있을 수 없었다. 내 발로 걷고 가슴으로 느껴야 꽃의 진수를 만끽할 것 같다. 이순신 장군의 가묘가 있는 충렬사를 지나 왕지마을까지는 그야말로 꽃 터널이다. 바다 건너 하동 쪽에서 바라보면 이곳은 거대한 은

가락지처럼 보인다. 하늘 한 점 보이지 않을 정도로 빼곡한데 한 줄기 빛이 쏟아지면 조물주가 만들어낸 천국을 살짝 맛보게 된다. 한 발, 한 발 내딛는 순간이 참으로 고맙다. 10분쯤 걸었을까?

바닷가에 한 무더기 노란 유채꽃밭이 손짓한다. 다이빙하듯 노란 물결 속으로 풍덩 빠져 허우적거린다. 샛노란 유채와 핑크빛 벚꽃 그리고 저 멀리 남해대교를 앵글에 넣고 바다를 배경 삼아 대충 셔터를 눌러도 인생샷 한 컷은 나온다.

다리가 아프다 싶으면 다시 차에 올라타 설천면 해안가를 달려라. 하늘에서 남해를 내려다보면 어머니가 아이를 안고 있는 형상인데 어머니의 머리쯤에 해당하는 지형이 설천면이다. 대국산을 가운데 두고 해안선 따라 온통 벚꽃이 띠를 만들어낸다. 남해대교-충렬사-왕지-금음-진목-탑동-이락사-남해대교까지 꽃이 만들어낸 보물길에 연타를 얻어

맞은 듯 정신이 혼미해진다. 이 드라이브 코스 한 바퀴가 성에 차지 않는다면 거꾸로 돌아보라. 내가 방금 본 풍경이 맞나 싶을 정도로 색다른 풍경이 펼쳐진다. 벼랑에서 내려다보는 강진만의 바다는 어머님의 품에 안긴 것처럼 포근하다.

덤으로 숨겨진 꽃 여행지 하나 소개한다. 대국산성까지 차로 오르면 성벽 옆에 오래된 벚나무 한 그루가 장승처럼 서 있다. 산꼭대기에서 홀로 바람과 싸우면서도 건강하게 자란 나무가 참으로 고맙다.

꽃그늘 아래 서면 호수같은 강진만 바다가 내려다보인다.
꽃 멀미를 앓는 것은 봄날 최고의 호사다.
세상이 힘들고 팍팍할 때 남해 꽃그늘을 걸어라.
꽃과 바다가 그대의 어깨를 토닥여줄 것이다.

SEASONS ISSUE : 꽃바다

꽃과 바다가
한데서 어우러지는
꽃섬 남해

꽃물결이 춤을 추는 봄날에는
꽃 피는 섬 남해에 가야 한다.
남해는 벚꽃터널과 바다를 향해
발을 담그는 유채와 섬과 섬을 잇는 사이에
지천으로 꽃이 펼쳐진다.
꽃과 바다가 어우러지는 풍경은
분명 남해에서 봐야 제대로다.

꽃섬 남해 _ 봄

01
섬사람의 억척스러움이 새로운 경관을 만들다
다랭이마을 유채꽃

사계절 녹색 물결이 하늘거리는 곳이 남해다. 봄이면 매화, 벚꽃, 유채가 마늘밭과 한데 어우러져 그림 같은 풍경을 선사하기 때문이다. 45도 경사에 108층의 다랭이논은 한 치의 땅도 놀리지 않는 남해사람들의 억척스러움을 볼 수 있다. 마을은 절벽에 자리하고 있으며 물살까지 세 선착장 하나 만들 수 없다. 그래서 배 한 척 없는 마을로 통한다.

미국 CNN 선정 한국에서 가장 아름다운 관광지 중 하나로 꼽히면서 외국인까지 열광한다. 겨울부터 시금치와 마늘이 자라더니 봄이 되면 계단식 논은 유채꽃이 주인 행세를 한다. 계단식 논에 꽃을 피워 마치 콜로세움 경기장에 앉아서 열광하는 로마시민들 같다.

바람 때문인지 어깨를 맞댄은 집들은 창문이 작다. 파랑, 주황 등 원색의 지붕을 가진 집들을 기웃거리며 미로 같은 골목을 설렁설렁 산책하면서 내려가면 우리나라에서 가장 잘생긴 암수바위를 만나게 된다.

높이 5.8m, 둘레가 1.5m 거대한 숫바위가 하늘 향해 서 있고, 그 옆엔 아기를 밴 배부른 여인의 형상을 가진 암바위가 다소곳이 앉아 있다. 이 바위에 치성을 드리면 아들을 낳는다는 소문이 있다. 해변으로 내려가면 작은 섬까지 건너갈 수 있도록 출렁다리가 놓여 있다.

할머니 주름을 닮은 논두렁 산책길을 따라가면 팔각정이 나온다. 안빈낙도를 만끽하기에 최고다. 달빛을 받으며 다랭이마을을 거니는 '다랭이마을 어쿠스틱 달빛 걷기(7~10월)' 등 다양한 행사도 열리고 있다.

세상 근심을 잊고 싶다면 다랭이마을에 가서 680개 논을 마주하라. 영화의 한 장면처럼 파란 바다와 노란 유채가 넘실거리는 풍경은 꿈처럼 달콤하다.

☀ **여행팁**
다랭이마을관광안내소 055-863-3893 | 남해군 남면 남면로 702 다랭이마을 제1주차장 | 입장료 없음. 주차장 협소 | 마을 안쪽은 골목이 좁아 차량 통행 금지. 마을 위쪽 도로에 주차하고 도보로 마을을 산책하는 것이 좋다. 주말에는 주차 공간이 부족하다.

02
노란 물결 출렁이는
남해의 시크릿가든,
두모 유채꽃

봄에 제주를 찾는 이유 중 하나가
유채밭을 보기 위함이다. 그러나 굳이 비행기 타고
제주도를 가지 않아도 그에 못지않은
유채밭이 있으니 그곳이 바로 남해 두모마을이다.

앵강만 해안선을 따라 상주은모래비치 쪽으로 달리다 보면 남해의 시크릿가든이 나온다. 두모마을은 4월 초가 되면 온통 하얗고 노란 꽃세상이 된다. 남해는 3월 말에서 4월 초가 되면 곳곳이 꽃세상으로 변한다. 바다를 곁에 두고 꽃길을 드라이브하는 즐거움도 더욱 커진다. 벽련마을을 지나 오른쪽으로 두모마을 내려가면 놀랍게도 계단식 논이 숨어 있으며 노란 유채꽃과 야생화가 흐드러지게 피어 있다. 멀리 바다가 보이고 바다 건너 여수 땅까지 조망이 된다. 큰 도로에서는 이 멋진 꽃밭이 보이지 않기 때문에 가히 숨겨진 시크릿가든이라 불러도 좋다.

상주면에 있는 두모마을은 유채꽃 풍경이 남해에서 가장 아름답다. 4월 초면 마을 입구부터 2km 정도 이어진 오솔길을 걸으며 남해의 파란 바다를 함께 볼 수 있다. 밭두렁 사이를 내려가면 '드므개'라는 커다란 글씨가 보인다. 하늘에서 다랭이 논의 형태 보면 항아리 형상인데 마치 궁궐 처마 아래 화재를 대비한 그릇인 '드무'를 닮아서 이름 붙여졌다고 한다. 유채꽃뿐 아니라 수선화, 해당화, 도라지, 히어리, 맥문동, 작약, 구절초, 메밀꽃 등 사계절 꽃이 지지 않는 야생화 관광단지가 조성되어 있다. 꽃향기를 맡으며 계단식 논두렁을 산책하는 재미가 그만이다.

원래 두모마을은 유채꽃 천지로 유명했지만, 주변에 야생화를 심고, 튤립, 메밀꽃 등을 심어 봄부터 가을까지 볼 수 있게 조경을 하면서 유채밭 면적은 줄었지만 봄 소풍 삼아 유채꽃밭 사이를 산책하는 매력은 그대로다.

매년 4월에 유채꽃 축제를 마을에서 개최하고 유채꽃을 배경으로 개매기 체험과 맨손 고기 잡기, 조개잡이 카약 체험도 함께 즐길 수 있다. 물론 해안가에서 너른 바다를 감상하는 것은 두모마을이 주는 덤이다. 마을 언덕에 서면 두모마을의 항아리 형태를 조망하게 된다. 고개를 넘으면 소량마을, 대량마을 등 보석 같은 어촌마을이 숨어 있다.

☀ **여행팁**
남해군 상주면 양아로 533번길 18 | 입장료 없음 | 주차 가능

꽃섬 남해 _ 봄

03
바다로 이어지는 동백꽃 터널
추도공원 동백꽃

동백꽃 터널이 원시림처럼 이어진 추도공원.
걸을 때마다 '여기 너무 예뻐'가
절로 나오는 산책로다.
바닷가와 동백숲이 아기자기 펼쳐진다.

창선대교를 넘으면 오른편에 위치한 추도공원. 산책로 입구에 주차를 하고 계단 몇 개만 오르면 동백 터널이 펼쳐진다. 창선도에서 숨겨진 명소라 인적이 드물다. 차도 없고 사람도 많이 다니지 않아 조용히 산책하기 좋은 곳이다. 추도공원 물고기와 꽃게 동상이 있는 앞길로 걸어가면 방파제가 나온다. 방파제 옆으로 몽돌과는 다른 암석들로 이루어진 해변이 있다. 큰 암석들로 이루어진 해변은 신비한 풍경을 연출한다. 이곳에서 일출을 볼 수 있어 여행객들이 종종 찾는다고 한다.

해안가를 뒤로 하고 산책로를 따라 추도공원으로 올라가면 입구부터 동백나무가 반긴다. 추도공원은 동백공원이라고 불러도 될 만큼 동백나무가 터널을 이루고 있다. 동백은 개화시기가 유동적이지만 올해는 3월 중순이면 만개한다고 한다. 이곳은 마을 주민이 산책로도 쓰고, 쓰레기도 주우며 관리를 하고 있어 친절하게 설명해 주신다. 동백꽃은 개화시기가 길고 꽃송이째 떨어진 동백꽃의 풍경도 운치를 느낄 수 있어 산책 삼아 동백꽃 구경을 나서면 좋다.

길게 이어진 산책길은 연신 너무 아름답다는 말이 나오게 만든다. 간간이 심어져 있는 동백나무와 길게 솟아오른 편백나무가 눈도 마음도 시원하게 해준다. 산책로는 경사가 급하지 않고 계단과 산책로가 잘 조성되어 있어 천천히 걷기에 안성맞춤이다.

바래길 코스에 추도공원 구간이 이어진 것도 너무 아름다워 꼭 걸어보라는 뜻일 것만 같다. 추도공원은 남해 바래길 코스 중 하나로 본선 5코스 말발굽길로 적량마을부터 시작해 추도공원을 지나 창선교 남단까지 총 12km를 걷는 코스다. 바래길 코스를 걷는 중에 추도공원을 방문한다면 동백꽃 터널과 바다가 지척에 두고 산책로를 걸을 수 있는 묘미가 있다. 동백 터널길 중간중간에 벤치가 있어 휴식을 취하기 좋고 바다를 바라보며 망중한을 즐기기도 좋다. 추도공원은 잘 알려지지 않아 자연의 원시적인 흔적을 품고 있어 동백꽃에 빠져들기 좋은 여행지다.

산책로도 완만하고 편백나무와 동백나무, 벚꽃나무까지 울창한 산책길과 바다로 내려가는 비밀의 계단 같은 아늑한 풍경을 선물한다.

여행팁

1588-3415 | 남해군 창선면 당저리 추도공원 | 입장료 없음 | 주차 가능

04
해안선 따라 남해 최고의 벚꽃길
왕지마을 벚꽃

연분홍 벚꽃 터널이 숨 막힐 정도로
아름답게 이어지는 왕지마을. 해안도로를 따라
벚나무가 심겨 있어 감탄사를 연발하는 풍경이
펼쳐진다. 벚꽃길과 더불어 어촌체험도
할 수 있으니 봄날에 즐기는 매력이 가득하다.

왕지마을은 벚꽃길로 유명하다. 남해대교 아래 충렬사부터 문의리까지 약 5km 정도 이어지는 벚꽃길은 터널을 이루고 있어 꿈결처럼 아름답다. 4월이면 해안도로를 따라 벚나무가 심어져 있어 연분홍 물감으로 가득 채운 그림 같은 풍경에 입이 쩍 벌어진다. 웅장한 남해대교와 푸른 바다가 어우러지고 분홍 벚꽃과 노란 유채꽃이 동시에 피면 황홀한 풍경이 펼쳐진다. 3월 말에서 4월 초에 이곳을 찾으면 인생샷을 찍기 위해 여행객들이 북적거린다.

왕지마을은 예로부터 서당이 많아 선비마을로 알려져 있고 태조 이성계는 남해금산에서 백일기도를 마치고 돌아가는 길에 이곳 마을의 아름다움에 취해 마을에서 쉬어가기도 했다고 한다. 왕지등대마을은 농어촌복합체험마을로 선정되어 농촌과 어촌을 경험할 수 있는 다양한 체험거리가 가득하다. 농부 체험, 갯벌생태 체험, 개막이 체험 등이 있다. 이중에서도 개막이 체험은 바닷가에 그물을 설치한 뒤 바닷물이 빠지면 갯벌에 들어가 직접 물고기를 잡는 체험으로 아이들과 함께 즐기기에 좋다. 또한 왕지마을에서 충렬사까지 드라이브도 좋지만 벚꽃 터널과 유채꽃이 만발한 해안도로를 산책하는 것도 꼭 추천한다.

☀ 여행팁

남해 왕지마을 벚꽃길은 남해대교를 지나 충렬사가 있는 노량삼거리에서 문의리까지 설천해안도로를 따라 이어진 약 5km 구간이다. 별도의 주차장이 마련되어 있지 않으니 공영주차장이나 인근 주차장을 이용해야 한다.
설천면 설천로 864번길 53 | 주차는 공영주차장과 마을 주차장 이용

SPECIAL PLACES : 설천면

강진만의 봄날은
윤슬처럼 감미롭다

남해대교 아래에서 왕지를 지나 고현면 이어마을까지 이어지는 드라이브.
2시간 정도 천천히 바다를 곁에 두고 달릴 수 있는 강진만 드라이브 코스다.
봄날의 화사한 꽃 터널과 갯벌을 따라 쭉 뻗은 강진만은 봄날 최고의 보물 보따리를 선물한다.

바다에 떠 있는 거대한 나비를 만나는 관문

새로 개통된 노량대교 대신 남해대교를 건넌다. 남해군 설천면과 하동군 금남면을 잇는 남해대교는 1973년에 완공된 우리나라 최초의 현수교다. 남해대교를 지나는 동안 눈길은 다리 건너 충렬사 부근을 기웃거린다. 벚꽃이 뒤덮은 노량마을이 환한 빛처럼 반짝이기 때문이다. 충렬사가 있는 노량마을에서 왕지등대마을을 잇는 해안도로는 남해를 대표하는 벚꽃길 중 하나. 사실 노량마을에서 벚꽃 터널을 따라 왕지마을까지 천천히 걸어보고 싶지만 길이 좁은 해안도로라 차창을 열고 천천히 꽃터널을 지나간다. 다음 여행지인 강진만 드라이브를 위해서다. 지도를 보다가 남해의 모습이 '바다에 떠 있는 거대한 나비'를 닮았다고 생각한 적이 있다. 못 믿으시겠다면 지금이라도 지도를 꺼내보시라. 하동과 사천을 잇는 두 연륙대교를 꼭짓점으로 날개를 활짝 펴고 있는 나비의 모습을 확인할 수 있다. 봄과 꽃과 나비. 화창한 봄날에 얼마나 환상적인 조합인가.

봄마다 라디오를 장악하는 장범준의 〈벚꽃엔딩〉이 나도 모르게 툭 튀어나온다. 그렇다. 강진만 드라이브는 눈으로 머리로 여행을 하는 게 아니라 몸이 먼저 반응하고 몸이 즐기는 여행길임에 틀림없다.

모세의 기적처럼 바닷길이 열리는 문항마을

설천면 일대는 봄에 더욱 아름답다. 특히 설천면 노량에서 왕지마을, 문항마을로 이어지는 강진만 해안도로는 봄날에 벚꽃과 유채꽃을 만끽할 수 있는 아름다운 드라이브 코스이다. 어촌과 농촌의 나른한 풍경과 더불어 바다와 작은 마을이 어깨춤을 추는 것만 같다. 강진만 해안도로는 자동차가 많이 없어 자전거 라이딩 코스로도 인기가 좋다. 수려한 한려수도의 남해 비경을 호젓하고 여유롭게 감상할 수 있는 이곳은 아름다운 길이 계속 이어진다. 길게 이어지는 강진만에서 가장 핫한 곳은 문항마을이다. 문항마을은 주변의 산세와 지형이 아홉 마리 용과 비슷하다 하여 구룡포라 불리다가 선비가 골목마다 글을 읽는 소리가 낭랑해서 부러운 동네라는 뜻으로 문항마을이라 불리게 되었다고 한다. 이곳은 물이 빠지는 간조 때에 신비의 바닷길이 열리는 곳으로 유명하다. 모세현상이 일어나면 너른 갯벌이 드러나고 갯벌 체험을 할 수 있다. 문항마을어촌체험센터를 이용하면 쏙잡이 체험을 할 수 있고, 개막이 체험, 조개잡이 체험, 맨손물고기잡이 체험도 가능하다. 바닷가 식당에서는 쏙요리와 해초비빔밥 등을 맛볼 수도 있다.

가장 멋진 봄날을 만끽하는 강진만

문항마을에서 체험을 충분히 즐겼다면 다시 해안도로를 달린다. 모천마을을 지나면 방파제가 붙어 있는 게섬이 나온다. 바다로 목을 내민 것처럼 툭 튀어나온 주귀섬이 활처럼 둥근 모양의 해안도로가 이어진다. 이 구간은 해안도로보다는 마을길처럼 길이 좁아 천천히 주변을 살피며 가는 것이 좋다. 바다를 가슴 깊이 심호흡하며 눈에 넣는 아늑한 풍경이 계속 이어진다. 가는 방향으로 왼편은 계속 바다가 굽이치지만 오른쪽은 산과 경사진 들판과 오밀조밀한 마을이 듬성듬성 나타난다. 도로 위에는 자동차가 별로 없지만 들판에는 시금치와 마늘을 가꾸는 작은 마을이 이어진다. 해안도로는 한적하지만 여유가 넘친다. 해안도로는 이어마을까지 반듯하게 이어진다. 이어마을은 포토존과 망원경이 있고 작은 놀이터가 있어 차를 멈추고 쉬기 좋다. 마을회관 옆에 화장실도 있다.

이어마을을 지나 남해읍으로 가도 좋고 도마삼거리에서 고현 쪽으로 방향을 틀어 이순신바다공원으로 가도 좋다. 한적하고 여유로운 섬마을의 풍경을 몸으로 느끼기 좋은 강진만 드라이브. 갯벌과 바다와 들판이 올망졸망 펼쳐져 포근한 길이다. 남해의 관문에서 시작해 바다를 따라온 길이 윤슬처럼 반짝반짝 영화의 한 장면처럼 마무리된다.

☀ 여행팁

남해관광콜센터 1588-3415
문항마을 : 남해군 설천면 강진로 206번길 54-19
문항어촌체험마을 055-863-4787

- 해안도로는 마을길을 지나는 구간이 많기 때문에 천천히 주의 운전을 해야 한다.
- 노량에서 설천면까지는 편의점이나 슈퍼가 드물다. 물이나 음료는 노량에서 준비하는 것이 좋다. 식사도 충렬사 앞에서 하는 것이 좋다. 노량포구에 맛집이 몰려 있다.
- 시간을 넉넉하게 잡고 문항마을에서 어촌 체험을 하면 좋다.
- 드라이브를 하면서 들을 수 있는 음악도 미리 준비하면 굿.

집중권역_설천면, 고현면 일대

남해의 봄날을 만끽하기 좋은
보물들

남해대교나 노량대교를 넘으면 바로 만나게 되는 남해의 보물들을 소개한다.
남해대교와 남해각, 충렬사를 한 곳에서 볼 수 있는 노량포구는 3월 말부터 벚꽃 터널을 이룬다.
충렬사 앞에서 왕지마을을 지나 문항마을에서 갯벌 체험을 즐겨도 좋다.
남해의 봄을 가장 아름답게 만날 수 있는 설천면과 고현면 일대를 드라이브로 즐길 수 있다.
남해에서 최고의 호사를 누리고 싶다면 딱 봄에 가면 된다. 입도 즐겁고 눈도 즐거운 천국이 따로 없다.

01
여관에서 여행자 플랫폼으로 변신
남해대교와 남해각

1973년 6월 22일 남해대교 개통식에는 고 박정희 대통령이 준공 테이프 커팅하고 남해대교를 도보로 건너갔다. 이때 환영 나온 남해사람들이 무려 10만 명, 섬사람 전부가 나왔다고 해도 과언은 아니었다. 섬에서 육지가 되는 것은 이들에게는 염원이자 축복이었다.

당시 동양 최대의 현수교인 남해대교는 길이 660m, 높이 80m로 대한민국 경제성장의 상징이자 한국에서 가장 아름다운 다리로 손꼽혀 70년대 수학여행과 신혼여행의 필수코스가 되었다. 샌프란시스코의 금문교를 본떠 만들었으니 다리 구경하겠다고 남해를 찾는 사람으로 인산인해. 심지어 부산에서도 이곳까지 쾌속선이 뜰 정도였다.

1975년 남해를 멋지게 조망할 수 있는 휴게소를 오픈했으니 그것이 바로 남해각. 남해대교의 주탑을 형상화한 기둥보 위에 건물을 올려 그 자체만으로 예술미가 뛰어난 건축물이다. 당시 해태제과가 북쪽에는 임진각을, 남쪽에는 남해각이라는 휴게소를 조성하면서 대한민국 안보와 경제의 랜드 마크로 삼았다. 따라서 이곳에서는 해태 부라보콘을 입에 물고 다리를 감상해야 제 맛이 난다. 해태의 형상 2기는 당시 해태제과가 운영했음을 말해주고 있다.

개장했을 때는 나이트클럽, 양식당, 찻집, 여관까지 들어차 있었다. 그래서 남해사람들이 결혼식 상견례 자리가 있을 때는 이곳 양식당을 찾았다고 한다.

지금은 전망대를 겸한 아카이브 공간으로 활용되고 있으며 여행자 센터 역할도 하고 있다. 재미난 남해 굿즈도 구입할 수 있으며 신분증을 맡기면 돗자리, 꽃, 의자 등 피크닉 세트(최대 7일)를 무료로 빌려줘 남해 곳곳을 둘러보며 감성 사진을 찍을 수 있다. 바다를 바라보며 일할 수 있도록 워케이션 공간(남해각공유오피스)도 갖추고 있다.

☀ **여행팁**
055-864-1905 | 남해군 설천면 남해대로 4216 | 여행자플랫폼 | 09:00-18:00 | 화요일 휴무 | 주차 가능

02
충무공 이순신의 충절을 기리는 사당
충렬사

이순신 장군이 '전쟁이 한창 급하니 내 죽음을 알리지 말라'는 유언을 남기고 순국하자 노량포구의 동쪽 언덕에 유해를 안치해 가묘를 만든 곳이다. 충렬사 안에는 사당과 재실을 비롯해 비각, 내삼문, 외삼문, 가묘 등이 있다. 1598년(선조 31) 11월 19일 이순신 장군이 순국한 지 35년 뒤인 1633년(인조 11) 초사와 비를 세워 추모하였고, 1658년(효종 9)에 사당을 건립하고 비도 다시 세워 1622년(현종 3)에는 '충렬사'라는 사액을 받았다. 이 사당은 1661년 중수한 사유를 자세히 기록한 송시열의 비문이 있다. 시간을 내어 꼭 사당에 올라보자. 충렬사 앞에는 거북선 모형의 전시관도 있어 같이 둘러보면 좋다. 커다란 나무들이 사당을 지키고 있는 듯한 모습도 인상적이고 계단을 조금만 오르면 노량포구와 남해대교가 바로 보이는 전망도 좋다.

☀ **여행팁**
1588-3415 | 설천면 노량리 충렬사 | 09:00~18:00 | 입장료 무료 | 주차 무료

03
아침식사와 혼밥도 가능한 생선구이 전문점
산성식당

남해대교 아래 노량마을에는 어머니의 손맛이 가득한 산성식당이 있다.
남해에서 채취한 농산물과 수산물이 한상 가득 나온다. 해풍 먹고 자란 쑥을 푹 고아 만든 시래깃국은 그야말로 보약 한 사발 마시는 기분. 남해에서 채취한 미역, 마늘종, 오이, 다시마, 동그랑땡, 묵은 김치 등 깔끔하고도 정갈해 바닷가 가정식 백반의 진수를 느낄 수 있다.
이 집의 메인은 생선구이다. 가자미, 고등어 등 제철생선이 노릇노릇 구워 나온다. 하얀 밥에 생선살을 얹어 입에 넣으면 바다향이 솔솔. 제철 따라 식탁에 오르는 생선구이가 바뀌는데 무엇보다 짜지 않아 좋다. 아침 일찍 식사도 가능하고, 혼자서 주문해도 식사를 할 수 있다. 식사 후 노량 바다를 어슬렁거려도 좋고 충렬사에서 이순신 장군 가묘를 보는 것도 괜찮겠다.

☀ **여행팁**
055-862-2868 | 설천면 노량로 183번지 22-10 | 08:00~20:00 | 생선구이 정식 12,000원, 장어탕 12,000원, 재첩국 10,000원 | 인근 주차장

04
향도 좋고 맛도 좋은 라떼 맛집
카페 윌마

남해를 찾는 여행객들에게 조금씩 입소문이 난 라떼 맛집 윌마. 충렬사로 올라가는 길 바로 앞 모퉁이에 윌마 카페가 있다. 모퉁이 조은호텔 1층이다. 충렬사와 거북선이 있는 노량포구가 창문 너머로 펼쳐진다. 이곳은 바닐라라떼의 감미로운 맛도 일품이지만 프로방스 풍의 포근한 분위기도 일품이다. 입구에는 화분이 아기자기 놓여 있고 문을 열고 들어가면 하얀색 실내 분위기에 깔끔한 소품들로 가득하다. 윌마는 일명 라떼 맛집으로 유명한데 바닐라라떼는 달달하면서 깊은 향이 입안에 가득 고일 정도로 진하고 향기도 좋다. 봄날의 햇볕을 가득 채워주는 넓은 창문에 기대어 나른한 여유를 만끽하기 좋다.

☀ **여행팁**
0507-1364-0400 | 남해군 설천면 노량로 183번길 22-1 | 10:00~22:00 | 바닐라라떼 5,000원, 아메리카노 4,000원 | 카페 주변 주차 편함

05
바다가 보이는 언덕에 촌집 갤러리
돌탑갤러리

자칭 '할매 화가'가 설천면 바다가 보이는 언덕에 민박집을 개조해 2022년에 갤러리를 열었다. 고창선 작가는 예순 살이 되던 해 손주 넷을 돌보다가 우연한 기회로 그림을 시작해 2017년 '세 친구의 행복한 꿈 그림전'과 '고창선 개인전'을 열었다. 올해도 눈내목욕탕갤러리에서 개인전을 진행하고 있다. 고 작가의 그림은 어린 시절 추억과 이웃과 가족에 대한 사랑이 가득하다. 주변의 사물과 생물과 풍경에 대한 애정이 그림에 가득하다. 이렇게 작가가 풀어낸 이야기와 감동이 촌집 갤러리 공간을 가득 채우고 있다. 오래되고 야트막한 시골 민박집이 방을 트고 조명을 달고 마당에 지붕을 얹어 아늑하면서도 정이 넘치는 전시 공간으로 자리잡았다. 남해에서 그림 작업을 같이 하는 작가들과 공동 전시도 하고, 사랑방처럼 따뜻한 차도 마실 수 있다. 고 작가가 태어나고 자란 집을 갤러리로 바꾸고 살림집이 바로 아래에 있다. 365일 가급적 열려고 하고 혹 외출시에는 출입문에 연락처를 적어두고 간다고 하니 필요할 경우 연락하면 된다.

☀ **여행팁**
010-8558-5382 | 남해군 설천면 설천로 758 | 10:00~18:00 | 각종 차와 음료는 셀프 2,000원 | 도로변 주차

06
복지회관이 목욕탕 미술관으로 재탄생
눈내목욕탕미술관

설천초등학교 앞에 쓰임이 다한 복지회관이 2022년에 '눈내목욕탕미술관'으로 재탄생했다. 눈내목욕탕미술관은 기존 목욕탕 형태를 그대로 살려 특색 있는 볼거리를 제공하고, 2층은 당구장을 만들어 설천면민들에게 사랑받는 새로운 소통공간으로 거듭났다. 미술관은 수도꼭지와 온탕, 냉탕 등 목욕탕의 시설을 그대로 살리고 그림을 전시할 수 있는 공간으로 구성되어 있다. 목욕탕 입구에는 해설사가 상주하고 소파가 있어 담소를 나눌 수도 있다. 미술관 내부는 제법 넓어 왼쪽부터 동선을 따라 천천히 그림을 감상하기 좋다.
그림 전시 일정표가 입구에 안내되어 있어 1년 내내 그림이 전시될 예정이다. 눈내목욕탕미술관은 오전 10시부터 오후 5시까지 개관하며 매주 월요일과 법정 공휴일은 휴관한다.

☀ **여행팁**
055-860-8484 | 설천면 설천로 696번길 16(설천초등학교 앞) | 입장료 무료 | 인근 주차장 이용 | 화장실 있음

07
바다가 아름답게 빛나는 하얀집
티라와 흙꿈노리

설천면 바다가 보이는 마을 앞에 지중해 풍의 하얀 건물이 눈에 띈다. 원래 티라게스트하우스를 하던 곳이 도자기 공방과 카페를 겸한 흙꿈노리로 변신했다. 바다가 보이는 마을에서 강진만 바다 풍경과 도자기 작품을 보며 커피와 차를 마실 수 있는 공간이다. 게스트하우스를 개조해 공방을 만들고 소품 전시실과 놀이 체험장을 만들어 가게 규모는 작지만 아늑하다. 도예 체험장과 가마를 갖추고 있어 원데이클래스 도자기 체험을 예약할 수 있고, 즉석에서 소품을 구입할 수도 있다.

☀ **여행팁**
010-3310-1729 | 설천면 설천로 587 | 10:00~ 17:00 | 아메리카노 3,500원, 수제차 4,500원 | 주차 가능

08
피톤치드 가득한 편백숲과 목장
남해상상양떼목장 편백숲

남해의 양떼목장들은 바다를 배경 삼아 양들이 풀을 뜯고 있어 동화 속 장면을 보는 것 같다. 남해상상양떼목장 편백숲은 10만 평 초지에 자리하고 있다. 적당한 높이의 언덕에서 한려수도의 절경까지 볼 수 있다는 장점이 있다. 먹이주기 체험과 양몰이 체험은 아이들이 좋아한다. 앵무새 체험관에서는 거대한 새장 속으로 들어가 앵무새를 만나게 된다. 바다를 배경으로 빨간 종과 눈사람 포토존이 있으니 인생샷 한 컷을 남겨보라. 초지에 누워 양들과 함께 마음껏 바다를 감상해도 좋다. 지루하다 싶으면 하늘 한 점 보이지 않는 편백숲에 들어가 산림욕을 해보면 몸과 마음이 치유된다.

또한 상상양떼목장 바로 아래에 위치한 남해양떼목장 양모리학교도 가보자. 남해바다를 배경으로 작은 기차를 타고 관람할 수 있고, 토끼, 당나귀 등 다양한 동물친구를 만날 수 있다.

☀ **여행팁**
055-862-5300 | 남해군 설천면 설천로 775번지길 364 | 09:00~18:00 | 입장료 성인 9,000원, 어린이 6,000원 | 주차 가능, 연중무휴

09
남해바다를 품은 산성 전망대
대국산성

강진만 바다를 멋지게 조망하고 싶다면 대국산성에 오르라. 협소한 길이지만 산성 아래 400m 전까지 차로 갈 수 있어 얼마나 고마운지 모른다.
대국산성은 대국산(376m) 정상 일대 약 1.5㎞에 둘러 있다. 성벽의 높이는 5~6m, 낮은 곳은 2~3m, 폭은 2.4m 정도 된다. 어찌나 튼튼하게 성을 쌓았는지 요즘 건축한 것처럼 보존 상태도 좋다. 성 한 바퀴 도는데 20여 분이면 족할 정도로 다리에 부담이 없다. 아무래도 대국산성의 백미는 부드러운 곡선미다. 산도 바다도 해안선도 성곽도 모난 것이 없다. 울퉁불퉁한 돌도 편하게 느껴진다. 중간쯤 걸으면 전망 포인트가 나온다. 망운산과 금산 그리고 강진만 해안선 그리고 저 멀리 남해읍까지 조망된다. 사방 거침없는 풍경이 대국산성에 오르는 이유이기도 하다.
이곳의 연못은 계단식으로 조성된 것이 특징인데 장기전을 위한 물 확보가 아닌가 싶다.
봄에 이곳을 찾아야 할 이유는 입구에 있는 벚나무 노거수다. 어찌나 잘생기고 우람한지 꽃그늘 아래 서면 기분이 좋아 미소가 번진다.

☀ **여행팁**
1588-3415 | 남해군 설천면 진목리 184번지 | 도로에서 차를 타고 2㎞, 길이 협소하기에 교행에 신경 써야 한다.

10
성웅 이순신의 활약을 그린 세계 최대 도자기 벽화
이순신바다공원

이순신 장군이 노량해전에서 왜구의 총탄에 맞아 순국한 장소가 관음포다. 이 성지에 이순신 장군의 넋을 기린 이락사가 자리해 의미를 더한다. 그 옆에는 거북선 모양을 한 이순신영상관이 자리하고 있다.

호국광장에는 판옥선 모양의 석조물이 서 있고 한가운데에 이순신 장군의 동상이 바다를 응시하고 있다. 판옥선 장대 위에서 적의 총탄을 맞고도 가슴을 움켜쥐고 끝까지 전장을 힘차게 지휘하고 있는 장군의 역동적인 모습 그리고 그 뒤를 따르는 수군을 묘사하고 있다.

이곳의 최고의 볼거리는 높이 5m, 길이 200m의 대형 도자기 벽화로 세계 최대규모다. 가로 50cm, 세로 50cm 도자기를 3천 797장을 구워 일일이 붙여 벽화를 완성했다. 가마에 구우면 도자기가 변형되고 뒤틀리기에 8천 장이 넘는 도자기를 구웠을 정도로 고된 작업이었다고 한다.

벽화는 출정, 승리 기원, 전투, 순국 그리고 오늘날 남해의 모습까지 총 5개의 장면을 묘사하고 있다. 순국의 벽 뒤쪽 각서공원에는 충무공과 임란에 대한 스토리를 전시관으로 만날 수 있다. 이순신 장군의 칼 조형물 뿐 아니라 총알에 뚫린 심장 등 장군의 죽음을 의미하는 상징물이 전시되어 있다. 조망데크에서 바라본 일몰이 끝내주며 밤에는 야간 멀티쇼를 감상할 수 있다.

관음포광장에는 리더십 체험관, 대장경공원, 공연장 등이 있어 산책 삼아 둘러보기 좋다. 특히 이순신인물체험공원은 놀이를 통해 역사를 배울 수 있도록 꾸며져 아이들이 좋아한다. 임진왜란 7년 전쟁을 종결시킨 노량해전. 이순신순국공원은 성웅 이순신의 활약과 죽음을 온몸으로 느끼기에 충분한 장소다.

☀ **여행팁**
남해군 관광진흥과 관광시설팀 055-860-8645 | 남해군 고현면 남해대로 3843 | 입장료 무료, 주차 무료 | 화장실 있음

HIDDEN SPOTS : 보물찾기

나만 알고 싶은
맛집 & 카페

남해의 여행을 빛나게 해주는 맛집과 카페를 콕 집어 소개한다. 남해는 섬이 크고 이동 거리가 멀기 때문에 여행 일정을 넉넉하게 잡아야 한다. 그래서 맛집과 카페에 대한 위치와 동선을 여행할 때 꼭 계획하고 움직이는 것이 좋다. 너무 맛있어서 숨겨두고 싶은 노포와 요즘 핫한 카페와 힐링빌리지, 로컬매장까지 절대 후회하지 않을 남해의 보물들을 모두 모았다.

01
청년들이 모여서 놀기 좋은 곳
남해청년센터 바라

남해군청 앞 작은 골목에 자리 잡은 남해청년센터 '바라'는 남해를 찾는 청년들의 거점이 되고 있다. 청년을 위한 정보와 회의 공간, 전시 공간, 독서 공간을 제공하고 있다. 오래된 한옥을 그대로 살려 리모델링하고 마당을 두고 공간을 연결하는 구조여서 다양한 모임과 행사를 할 수 있다. 강연, 전시, 회의 등 청년들을 위한 행사도 진행하고 모든 공간은 누구나 무료로 사용할

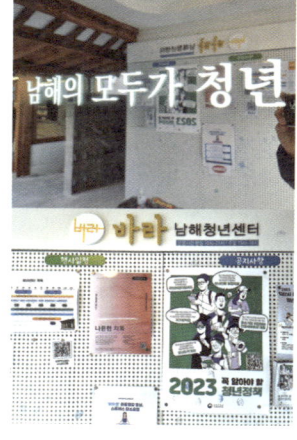

수 있다. 큰 나무 대문을 밀고 들어가면 잘 꾸며진 연못 정원과 고즈넉한 한옥이 반긴다. 햇볕 좋은 날은 한옥 툇마루에 앉아 차를 마셔도 좋다. 작업실, 코워킹플레이스 등은 무료로 쓸 수 있고, 모임을 위한 공간을 이용하고 싶다면 대관 신청을 하면 된다. 남해군청과 단골집, 백반집 등이 즐비한 맛집 골목에 자리 잡고 있는 것도 장점이다. 남해청년센터 홈페이지에서 대관 신청 시 멀티라운지, 상담실1, 상담실2 이용이 가능하고, 공영주차장도 인근에 있다.

☀ 여행팁
0507-1472-1990 | 남해군 남해읍 망운로 1-16 | www.namhae.go.kr/youthcenter | 월~금 10:00~21:00, 토 10:00~20:00, 매주 일요일, 공휴일 휴무 | 입장료 무료

02

어린이를 사랑하는 천사, 쌍식이 아재 빵집
행복베이커리

매일매일 등교하는 학생들에게 새벽부터 빵과 요구르트를 나눠주는 쌍식이 아재가 운영하는 남해읍내 빵집. 오랜 기간 선행으로 <유 퀴즈 온 더 블럭>을 비롯해 방송과 신문에 소개되면서 주말마다 쌍식이 아재와 인증사진을 찍기 위해 인산인해다. 단지 방송에 나와 유명세를 타서 인기가 많은 것이 아니라 빵이 정말 맛있는 빵집이다. 시금치 비스킷슈, 유자쌀만주, 유자 카스테라, 마늘식빵 등 달지 않고 풍미가 가득해 입에서 살살 녹는다. 빵이 엄청 부드럽고 빵 안에 유자 앙금도 매우 상큼하다. 남해 특산품인 시금치, 마늘, 유자를 활용해 신선하고 가격도 저렴해 선물용으로 넉넉하게 구입해 '선한 영향'에 동참하는 사람들이 많다고 한다.

☀ 여행팁
055-864-8249 | 남해군 남해읍 화전로 87 | 07:00~22:00 | 시금치 비스킷슈 1,500원, 유자쌀만주 2,000원, 유자 카스테라 2,000원, 마늘식빵 5,000원 | 주차는 인근 주차장 이용

03

점심시간에만 문을 여는 로컬맛집
단골집

지역에서 식당을 고르는 방법 중에 하나가 관광지보다는 군청이나 경찰서 등 관공서 근처에서 찾는 것이다. 남해군청 앞에 있는 백반 전문의 단골집이 그렇다. 점심시간에 미리 예약하지 않으면 밥 한 끼 먹기 힘들 정도로 인기 있는 곳이다.
15첩 반찬이 화려한 것이 아니다. 늘 먹는 집밥 정도 반찬이 나오는데 파가 숭숭 들어간 계란말이, 남해 보물초인 시금치, 특산물인 멸치, 파프리카, 양배추, 콩나물 등 남해산 식재료가 맛의 비결이다. 먹음직스럽게 구운 굴비와 얼큰하면서 달콤한 두루치기가 메인으로 밥 한 공기 뚝딱 해치운다. 허영만의 백반기행에 소개되어 더욱 유명해졌다.

☀ 여행팁
055-864-5190 | 남해읍 망운로1-17 | 점심시간에만 영업. 오전 12시에서 12시 30분까지 수용 인원만 예약을 받는다. | 정식 10,000원 | 공영주차장 이용

04
입에서 살살 녹는 갈비맛 최고
화랑갈비

명불허전. 갈비가 입에서 살살 녹는다. 매일 김해 도축장에서 고기를 받아 40년 넘게 손질해서 파는 주인장의 정성이 담겨 있다. 식당은 옛날 집을 개조해 포장마차 같은 풍경이다. 처음 가도 단골이 된 것처럼 정겨운 식당 풍경이다. 생갈비와 양념갈비 두 가지 메뉴가 전부이다. 남해읍 회나무소원거리, 회나무 옆에 자리 잡은 화랑갈비. 붉은 간판 하나에 대문이 전부인 노포다. 갈비와 시래깃국, 상추 무침, 공깃밥 하나로 단출한 밥상이지만 엄마의 손맛처럼 정겹고 맛이 진심으로 전해지는 갈빗집이다. 허영만의 백반 기행에 소개될 정도로 토박이들에게 입소문이 자자한 갈빗집이다.

☀ **여행팁**
055-864-2360 | 남해읍 화전로 38번길 21-1 | 11:00~20:00 | 생갈비, 양념갈비 10,000원(2인분 이상 주문)

05
프리미엄 어묵카페 & 남해 선물 가게
바래온

남해에 햇볕 좋은 마당을 품고 하얀집에 통 넓은 창으로 꾸민 카페 바래온. 이곳은 이국적인 분위기에 수제 어묵, 남해 특산물, 기념품 가게를 동시에 운영하고 있어 차도 마시고 아기자기한 특산품도 구경하는 재미가 있다. 우선 윤기가 좌르르 흐르는 수제 어묵이 눈에 띈다. 남해마늘, 파래김, 유자청, 남해의 특징을 담은 액세서리, 수제 음료 등 로컬매장이 눈에 띈다. 날씨가 좋으면 카페 마당에 마련된 야외 테이블에 앉아도 좋고 카페 뒤편의 벤치에 앉아도 좋다. 시골 마을에 자리 잡고 있어 아늑하고 편안한 풍경이 아주 좋다.

내부에 있는 테이블도 감성적이고 따뜻한 느낌의 조명과 통유리로 된 넓은 창은 탁 트인 전망을 선물한다. 수제 어묵은 먹기 좋게 잘라서 케첩과 소스와 함께 나온다. 간단하게 먹을 수 있게 잘라 나오고 유자차와 커피를 곁들여 먹으면 금상첨화다.

☀ **여행팁**
055-864-4664 | 남해읍 스포츠로 173-9 | 10:00~18:00 | 아메리카노 4,000원, 유자청 12,000원 | 주차장 있음

06
LP뮤지엄 복합문화공간
라키비움 남해

2023년 2월 26일 창선면 장포리 일대에 주거, 숙박, 문화 공간을 갖춘 힐링빌리지 라키비움 남해가 문을 열었다. '라키비움'은 도서관, 기록관, 박물관의 의미가 담긴 말로 복합문화공간이다. 관리와 운영을 맡은 MBC 경남에서 보유하고 있는 1만 1천여 장의 LP가 1층 카페 겸 도서관을 가득 채우고 있다. 1층 카페 브라운핸즈 남해는 입구에서 커피를 구입해 LP카페나 야외 테라스에서 해안 절경을 마당으로 삼아 여행객들이 온전한 휴식을 취하기 좋은 공간이다. 카페 2층에는 갤러리가 있어 연중 미술품 기획전시도 이어진다. 유명 화가들의 작품을 만날 수 있다. 남해군에서 1,000만 관광객 유치를 위한 힐링빌리지를 표방하고 진행한 프로젝트로 넓은 주차장, 베이커리, 캠핑장, 주거단지, 호텔 등도 들어선다고 한다.
라키비움 최고의 매력은 바다다. 에메랄드빛으로 빛나는 바다를 맘껏 볼 수 있고, 주변 산책로도 조성되어 있어 금상첨화다. 데이트 코스나 휴식을 위한 여행지로 꼭 추천하고 싶은 장소다.

☀ **여행팁**
055-867-4608 | 창선면 흥선로 1437-338 | 아메리카노 5,800원 | 10:00~18:00 | 입장료, 주차비 무료

07
바다가 내려다보이는 꽃밭과 정원
카페 톨

남해 다랭이마을의 카페 톨은 사람들로 북적거리는 마을의 메인로드에서 살짝 비켜 있다. 그래서 조용한 공간이 자랑이다. 화단을 지나 빨간 나무 의자에서 앉으면 그야말로 바다가 와락 품에 안긴다.
주인장의 마음을 닮아서인가? 이곳은 사계절 꽃이 핀다. 2월에도 튤립을 만날 수 있으며 4월이면 다랭이 논두렁은 온통 유채로 가득하다. 쪽빛 바다와 노란 유채의 강렬한 대비는 지중해를 끼고 있는 이태리 소도시의 레몬밭을 보는 것 같다. 큼직한 간판도 없으며 테이블도 별로 없지만 입소문으로 알음알음 찾아온다. 주황색 지붕을 가진 카페 안으로 들어가면 감성 넘치는 서적과 엽서로 가득하다.
메뉴도 건강식이다. 유기농 인증을 받은 오디를 갈아 만든 오디스무디. 상큼한 맛을 자랑하는 남해유자스무디 등 꽃밭에서 바다를 벗 삼아 건강음료를 음미하면 절로 행복이 찾아온다. 상호명 '톨'이 크다(tall)라는 의미로 생각하겠지만 실은 쌀알을 셀 때 쓰는 단위를 말한다고 한다. 그래서 음료를 주문하면 쌀빵이 하나씩 나온다. 이곳에서 일하는 스텝은 남해 한 달살이 하는 젊은이들. 그래서 속도도 늦고 능숙하지 않은 것을 정성과 열정으로 메꾼다. 카페 주인 송순영 대표는 한 달살이 하는 청년들을 매달 자비로 남해여행경비 겸 원고료를 주면서 남해에 대한 감상을 여행기로 받는다. 대기자가 줄을 설 정도로 인기가 많다고 한다.

☀ **여행팁**
010-5177-8520 | 남해군 남면 남로 679번길 17-27 | 11:00 ~ 17:00 | 매주 화, 수, 목요일 휴무 | 1톨 (쌀빵+드립커피 8,000원), 7톨(쌀빵+유기농요거트 9,000원) | 주차 불가

포토존

구석구석 찾아가 발견한
인생샷 포토존

남해에 숨겨진 포토존을 구석구석 찾아가 딱 3곳을 추천한다. 인생샷을 찍어도 좋고, 드라이브로 찾아가도 좋고, 오랫동안 머물며 망중한을 즐겨도 좋다. 봄날에 찾아가면 더욱더 좋은 남해의 숨겨진 포토존 3곳을 추천한다.

01
남해의 산토리니 바다정원 오션뷰 포토존
남해바다정원

위치 : 이동면 죽방로 877

남해읍에서 이동면 가기 직전, 큰길에서 좌회전하면 해안도로가 이어지는데 초입에 그리스 산토리니를 연상케 하는 바다정원 포토존이 서 있다.
중앙광장에는 산토리니 하얀 집을 연상케 하는 종탑이 있으며 동종과 코발트색 아치 그리고 바다와 섬이 절묘하게 어우러진다.
광장에는 이국적인 꽃과 나무가 가득하다. 미로정원, 잔디정원, 수국정원, 가시나무숲 등 정원을 어슬렁거려도 좋고 벤치에 앉아 한없이 바다를 바라보면 세상 근심이 사라질 것 같다. 소위 말하는 '바다 멍 때리기'에 최고 장소다. 테이블도 여러 개 있어 김밥을 집어먹기 딱 좋다. 제법 너른 주차장과 화장실까지 갖추고 있다.
남해군에는 독일, 미국, 스페인마을에 이어 이곳 그리스 조형물까지 있으니 남해에서 세계일주를 해보는 것도 괜찮겠다.
바다정원에서 지족까지 강진만 해안도로를 달리는 재미가 끝내준다. 건너편 남면 해안도로나 물미해안도로가 거센 파도와 절벽을 달리는 길이라면 이곳은 호수처럼 잔잔한 바다로 어머니의 품처럼 따뜻한 길이다.

02

독일마을을 가장 잘 볼 수 있는 포토존
순례자의 쉼터_
물건리 샬롬장로교회종탑

> 샬롬장로교회 위치 : 삼동면 동부대로 1122번길 37

산티아고 순례길이 인기 있는 이유는 자신을 반추할 수 있는 공간이 많다는 것. 오솔길을 걷다가 소박한 성당에서 십자가를 마주하며 화려함을 쫓았던 자신을 반성하기도 하고 탐욕이 가득한 마음을 비울 수 있는 기회가 있기 때문이다.

남해에도 바래길과 남파랑길이라는 멋진 바다 걷기길이 있다. 그러나 예쁜 길만 추구하다 보면 금방 질리게 된다. 오만과 허영심을 지우개로 지울 수 있는 공간이 있으면 좋겠다는 생각을 했는데 물건리 샬롬장로교회가 그런 역할을 하고 있다.

교회 종탑에 오르면 이국적인 독일마을을 멋지게 조망할 수 있으며 뒤쪽 창으로는 물건리숲이 시야에 들어온다.

한쪽 벽면에는 '나를 만나는 순례자의 축복기도문'이 전 세계 언어로 걸려있다. 자신을 돌아보는 편지를 수기로 써 빨간 우체통에 넣어보면 어떨까. 그리고 7번의 행운의 의미를 곱씹고 힘차게 종을 치면 마구 희망이 샘솟는다.

마당의 벽면에는 꽃이 활짝 핀 화분 벽화와 낡은 벤치와 창문 그리고 근사한 그네가 그려져 있다. 바닥에는 파리채와 파리가 재미있게 그려져 있다. 빨간 파리채가 벽돌 한 장이라니 그 발상이 재미있다. 화단에는 남해 특산물인 유자나무가 자라고 있다. 바래길이나 남파랑길을 걷는 여행자들을 위해 주일 오전 9시 여행자와 함께 드리는 예배가 있다. 할머니 지팡이같이 생긴 십자가를 보면서 마음의 안식을 얻길 바란다. 작은 것이 소중하다는 것을 일깨워준다.

03

BTS가 울고 갈 이색 명소
설리버스정류장

> 위치 : 미조면 미송로 303번길 75-12

주문진 향호해변은 세계적인 그룹 BTS가 사진 찍은 장소로 국내외 그의 팬들이 바다를 배경 삼아 사진을 찍으려고 인산인해, 주말에는 주말엔 줄을 설 정도다

동해에 향호해변이 있다면 남해에는 설리버스정류장이 있다. 만약 BTS가 이곳을 알았다면 일부러라도 이곳을 찾았을 것이다.

향호버스정류장이 백사장에 자리하고 있다면 설리버스정류장은 언덕에 위치해 위에서 내려보는 바다 절경이 끝내준다. 붓으로 물감을 찍어내듯 수묵화 같은 섬들이 바다에 박혀 있다.

뒤쪽 경치에 너무 취하다 보면 버스가 오는 것을 모를 것 같다.

'차라리 버스가 안 왔으면 좋겠어요.'

이것이 내 속내인 것 같다. 일출 때 이곳을 찾으면 붉은 여명이 바다를 수놓는다. 벼랑 아래로 내려가면 설리해수욕장, 옥색 바닷물과 밀가루 같은 백사장이 활처럼 휘어져 있다.

Vol.여름
꽃섬에서 온
여름 편지

NAMHAE ESSAY : 꽃섬 남해

어머니의 품처럼
정감 있는 낭만 코스

앵강만은 바다라기보다는 잔잔한 호수 같다. 하늘에서 내려다보면 항아리 모양이자 어머니가 두 팔로 감싸 안은 형상이다. 바다는 먹을 것이 가득한 천연 냉장고다. 사랑이 철철 넘친 어머니 손은 파래나 조개, 미역, 고둥 등 해산물을 꺼내 자식들을 살찌게 해준다. 갯가에 나가 해산물 채취하는 것을 남해 사투리로 '바래'라고 하는데 그래서 바래길은 '엄마의 길'로 통한다.
앵강만 바다는 고맙고 정겹고 푸근하다.

위로받고 싶은 절집, 용문사

바위의 향연을 뽐내는 보리암이 부잣집 미인이라면 용문사는 순수하고 질박한 시골 여인네 같다. 그래서 편안하며 순수하다. 일주문을 거치면 계곡이 가로막는다. 둥근 아치형 다리를 건너 천왕각을 지나 다시 계곡을 건너 봉서루에 닿는다. 누각 아래 계단을 오르면 대웅전(보물 제1849호)의 자태가 서서히 드러난다.

사찰명에 '용'이 들어가서 그런지 길은 용이 휘감아 도는 것처럼 생동감이 넘친다. 봉서루 아래에는 길이 6.7m의 엄청나게 큰 구시통이 용문사 터줏대감 역할을 하고 있다. 1000명분의 밥이 담겼던 그릇으로 그 규모만 봐도 얼마나 사세가 컸는지 알 수 있다. 임진왜란 때 용문사 승려들이 승군을 조직해 왜적과 맞서 싸웠을 때 밥을 담았던 밥통이란다. 대웅전 뒤쪽 언덕에는 근사한 차밭이 놓여 있다. 알싸한 차향을 맡으며 아래를 내려보니 용문사가 앵강만을 바라보고 있다.

이곳에 또 하나의 숨은 볼거리는 스님의 요사채를 지키고 있는 진돗개다. 살포시 미소 짓는 모습을 잊지 못하겠다.

세파의 때를 훌훌 떨쳐버리고 싶다면, 때 묻지 않는 절집 용문사를 찾아라.

이국적인 메타세쿼이아 가로수, 미국마을

용문사 아래는 그림 같은 미국마을이 자리 잡고 있다. 재미교포가 고국으로 돌아와 노후를 위해 지은 미국식 목조주택이다. 초입에 자유의 여신상까지 서 있어 미국 냄새가 풀풀 난다. 만약에 마늘 텃밭이 없었다면 텍사스의 작은 마을처럼 보였을 것이다. 최고의 볼거리는 메타세쿼이아 가로수다. 나무는 바다를 향해 뻗어 있어 미술 수업의 원근법 구도를 보는 듯하다. 대다수 주택은 펜션으로 운영되며 예쁜 정원과 마당을 가지고 있다. 이국적인 공간에서 하루 쉼표를 찍어보면 어떨까.

르누아르의 수채화, 앵강다숲마을

앵강만이 거대한 꽃이라면 꽃술에 해당하는 곳이 앵강다숲마을이다. 산과 들과 바다가 한데 어우러진 쉼터다. 해안선을 따라 길게 늘어선 숲은 방풍림으로 400여 년 동안 마을은 물론 논과 밭을 지키는 수호신 역할을 했다. 사부작사부작 해안길을 거닐다가 벤치에 풀썩 주저앉아 바다만 바라봐도 힐링이 된다.

난대림 숲속 산책로를 따라 속내로 들어가면 해당화, 히어리, 원추리, 해국, 꽃무릇 등 한국의 야생화가 사계절 만발해 마치 르누아르의 수채화를 보는 듯하다. 숲속에 놀이터와 잔디 운동장까지 있어 아이들은 싱그런 공기를 마시며 마음껏 뛰어놀 수 있다. 하루쯤은 지붕 없는 학교에 보내는 것도 괜찮겠다. 이곳을 제대로 만끽하기 위해 마을에서 운영하는 캠핑장이나 휴양촌에서 하루를 보내는 것이다. 몽돌 굴리는 파도 소리도 고마운데 은하수를 이불 삼아 눈을 붙일 수 있으니 잊지 못할 추억거리 하나 만들 것이다.

앵강다숲에는 남해바래길탐방안내센터가 자리하고 있다. 남해의 바래길은 25개 코스, 256km나 이어진다. 제주 올레길에 뒤지지 않는 황홀한 해안길이다. 이곳에서 안내지도와 여행 정보를 얻을 수 있다. 거기다 부산 오륙도에서 해남의 땅끝마을까지 1,470km나 연결된 남파랑길 여행지원센터도 앵강다숲에 자리하고 있다. 앵강다숲은 바다 걷기길의 메카인 셈이다. 옥상에 오르면 리클라이너 체어가 있어 이곳에 발

을 뻗고 누우면 남해 금산과 앵강다숲이 시야에 들어온다. 여행자라운지에는 커피, 메밀차, 보이차 등을 마실 수 있는 무인 셀프바가 있으니 감사하는 마음으로 차를 음미하자.

환상의 앵강만 해안길
신전-원천-벽련-두모-상주까지는 바다를 옆구리에 끼고 달리는 환상의 해안길이다. 길은 해안선을 따라 이리저리 굽고 오르막과 내리막이 연달아 이어져 마치 산전수전 겪은 남해 사람들의 인생길 같다. 만약 부부 관계가 소원해졌다면 이 길을 내달려라. 자신의 인생을 반추하면서 동반자와 함께 이곳을 달린다면 얼음장 같은 관계는 사르르 녹을 거다. 특히 해 질 무렵 벽련마을이나 두모 근처에서 바라본 노을은 앵강만의 바다를 붉게 물들여 거대한 초장 그릇처럼 보인다. 길가에 경치 좋은 횟집이 여럿 있으니 노을과 생선회를 안주 삼아 술잔을 기울이는 것도 큰 호사겠다. 한때 대한민국에서 가장 경치 좋은 운전면허시험장이었던 곳은 지금 카라반&고카트 체험장으로 바뀌었다. 남해 금산 자락 고개를 넘으면 상주 해변이 두 팔 벌려 환영한다. 노송 우거진 해변에 포옥 안기면 마음이 푸근해진다.

SEASONS ISSUE : 여름 바다 남해

남해 바다에서
재밌게 노는 법

남해 바다 어디까지 가보았나.
남해 여름 바다는 이색 체험 거리가 가득하다.
독일마을 아래 노을 맛집으로 불리는
물건항에 자리한 남해군 요트학교에서
요트를 배워도 좋고,
맞은편 엘림마리나&리조트에서는
제트스키 체험과 호화요트 승선이 가능하다.
눈발이 내려앉은 듯 하얀 해변 모래가 인상적인
설리해변에서는 스노클링과 카약,
생활낚시까지 온통 즐길 수 있다.

남해 바다 즐기기
요트 타고 서핑하고 낚시까지

남해는 해양레포츠 천국이다. 특히 여름에는 스노클링, 낚시, 윈드서핑, 요트까지 남해에 가면 모두 경험할 수 있다. 역동적인 여름 바다를 즐기고 싶다면 당장 남해로 가자. 한 번에 즐기고 싶은 해양레포츠를 한 번에 즐길 수 있다.

01
즐거운 세일링! 꿈꾸는 세일링!
남해군 요트학교

'즐거운 세일링! 꿈꾸는 세일링!' 남해군에서 운영하는 남해군 요트학교의 슬로건이다. 독일마을 아래 물건리방조어부림 오른쪽 끝에 자리 잡은 남해군 요트학교는 특히 청소년들에게 인기가 많다. 학생들이 요트학교에서 저렴한 가격으로 체험과정부터 입문, 숙련과정까지 교육을 받을 수 있기 때문이다. 특히 딩기요트를 배울 수 있는 곳이 많지 않기 때문에 남해군 요트학교는 대기자들이 많을 정도로 교육과정 인기가 높다. 요트학교는 세일링 기술과 인명구조, 입출항 숙련 등 전방위 교육을 받을 수 있다. 주말에는 크루저 요트 체험도 인기가 많다. 남해군민이나 남해군 학생들은 체험료도 20% 할인해 준다. 주말에는 여행객들로 붐비기 때문에 예약은 필수다.

☀ **여행팁**
위치 경상남도 남해군 삼동면 동부대로 1030번 길 42-26 | **전화** 055-867-2977
이용시간 09:00~18:00 | **요금** 딩기요트 체험과정 1일 30,000원 2일 50,000원,
크루저 요트 체험 1인 20,000원 (4인 이상 예약 후 이용 가능) | **주차** 가능

02
럭셔리한 해양리조트의 품격
엘림마리나&리조트 요트

독일마을에서 바다를 내려다보면 바다 위에 요트가 떠 있는 곳이 있다. 물건리방조 어부림 왼쪽 끝에 하얀 리조트가 눈에 띈다. 이곳은 엘림마리나&리조트다. 엘림마리나의 가장 큰 강점은 럭셔리한 요트 체험을 즐길 수 있다는 것이다. 바다 위의 스위트룸이라 불리는 파워요트를 체험할 수 있다. 이곳에는 27인승 파워요트 2대와 12인승 제트보트 2대가 마련되어 있다. 하루에 3번 요트 체험이 가능하고 제트보트 체험도 할 수 있다. 또한 엘림마리나&리조트에서 고급스러운 문화 체험이 가능하다. 리조트 건물 1층에는 1930년대 미국 극장에서 사용했던 귀한 아날로그 스피커와 진공관 앰프 등이 구비된 공연장이 있다. 근처의 아날로그홀도 멋지다. 영국과 미국, 독일 등에서 실제로 사용했던 보물 같은 아날로그 스피커와 영사기, 녹음기 수십 점이 전시되어 있다. 이현건 회장이 기업을 운영하면서 하나둘씩 직접 수집한 것들이라고 한다. 실제 음악을 들어보거나 만지며 체험할 수 있어 특히 좋다. 공연장과 아날로그홀 관람은 무료다.

☀ **여행팁**

위치 경상남도 남해군 삼동면 동부대로 1122번 길 74-19 | **전화** 055-867-6767 | **이용시간** 11:00, 14:00, 16:00
요금 파워요트44 성인 50,000원, 소인 40,000원, 제트보트 성인 40,000원, 소인 35,000원 (투숙객 할인)
주차 가능 | **홈페이지** http://www.elimmnr.co.kr/sub/activity/activity.asp

03
송정솔바람비치에서 윈드서핑 고고씽
남해 말라끼서프

요즘 남해에서 서핑이 뜨고 있다. 보드를 타고 파도를 즐기는 서핑은 특히 젊은이들에게 인기다. 송정솔바람비치는 사람이 몰리지 않아 다른 지역에 비해 여유롭게 서핑을 할 수 있다. 또 남해 송정솔바람비치는 부드러운 은빛 백사장과 송림으로 유명하다. 여기 해변 앞에는 섬이나 가로막는 지형이 없어 먼바다에서 불어오는 바람이 바로 해변으로 몰아친다. 남해에서 유일하게 윈드서핑을 즐길 수 있는 최적의 조건을 갖추고 있는 곳이다. 송정해수욕장 입구에 배 모양 건물이 눈에 띈다. 이곳은 윈드서핑을 배울 수 있는 곳으로, 남해의 말라끼서프(구 남해서핑스쿨)가 유일하다. '말라끼'는 필리핀어로 '큰 파도'라는 뜻이라고 한다. 초보자도 강습부터 바다에 들어가 실전에 돌입한다. 모래밭에서 한 시간 동안 기본 동작을 익히고 숙련된 강사의 도움을 받아 곧바로 서핑을 즐길 수 있다. 송정해변은 파도가 부드러워 초보자도 쉽게 서핑을 배우기 좋다고 한다. 초보자가 윈드서핑을 배우고 싶다면 강습시간과 준비물을 미리 확인하고 가면 좋다.

☀ 여행팁
위치 경상남도 남해군 미조면 미송로 483 말라끼서프 | **전화** 010-4556-0023
이용시간 09:00~18:00 | **요금** 체험서핑(2시간) 50,000원, 보드 렌탈(2시간) 20,000~35,000원, 레벨업PT(1시간) 80,000원 | **주차** 가능

04
아름다운 바다를 맘껏 즐기는 방법
설리체험마을

청정 바다에 풍덩 빠지면 몸도 마음도 후련해진다. 사면이 바다인 남해는 바다를 즐기기에 제격이다. 설리어촌마을은 하얀 백사장이 약 500m 정도 이어지고 떼섬, 사도 등 크고 작은 섬들이 삼면을 둘러싸고 있어서 남해에서도 아름다운 어촌마을로 유명하다. 설리해수욕장은 모래가 눈처럼 하얗다고 해서 '설리(雪里)'라는 지명을 갖게 되었다고 한다. 이곳 설리 바다 놀이터에서 가장 인기 있는 레포츠는 카약과 스노클링이다. 특히 카약은 초보자도 도전하기 쉽고, 직접 노를 저으며 바다에서 아름다운 육지 풍경을 볼 수 있기 때문에 인기가 많다. 설리해수욕장 방파제에서 카약을 타고 15분 정도 노를 저으면 바다가 아름다운 사도에 도착한다. 카약에서 내려 사도에서 곧바로 스노클링을 즐길 수 있는 것도 이곳만의 장점이다. 카약과 스노클링 외에는 생활낚시가 인기가 좋다. 마을에서 체험프로그램으로 개발한 생활낚시는 미리 미끼를 준비해서 고기를 모이게 한 뒤 그 지점에서 낚시를 하기 때문에 바구니 가득 고기를 잡을 수 있는 것이 장점이라고 한다. 또한 설리마을은 어촌뉴딜에 선정되어 설리해변 주변에 화장실, 샤워실, 휴게공간, 매점, 체험마을 공동판매장 등 편의 시설도 잘 갖추어져 있다.

☀ **여행팁**

위치 경상남도 남해군 미조면 미송로 303번 길 75-12 설리어촌체험마을
전화 010-4705-9001 | **요금** 카약+스노클링 1인당 35,000원, 생활낚시 1인당 15,000원 (모든 체험은 사전 예약 필수) | **주차** 가능
인스타그램 @namhae_sulli

꽃섬 남해 _ 여름

남해에서 즐기는
호젓한 사색의 바다

남해에는 작고 호젓한 바다와 해변이 많다. 솔숲이 우거지고, 짙푸른 망망대해를 바라보며 멍 때리기 좋은 곳도 많다. 오랫동안 머물려 즐길 수 있는 사색의 바다를 추천한다.

01

황금빛 노을이 짙게 물든 바다
사촌해변

홍현마을에서 10번 지방도를 거쳐 산을 넘으면 사촌해수욕장이 나온다. 고개에서 내려다본 해수욕장 풍경이 기가 막힌다. 해변에서는 광양항으로 분주히 오가는 대형 컨테이너선을 볼 수 있다. 바다 건너는 여수다. 알전구처럼 반짝이는 야경이 볼 만하다. 남해에서 세 번째로 큰 해수욕장이지만 물이 따뜻하고 조용한 분위기가 장점이다. 방풍림은 마을캠핑장으로 활용하고 있다. 응봉산을 거쳐 설흘산까지 등산까지 겸할 수 있다.
위치 경상남도 남해군 남면 남면로1229번 길 44

02
수심이 얕아 가족여행객들에게 안성맞춤
두곡월포해변

앵강만 해안선을 따라 달리다 보면 활처럼 휜 해변이 나오는데 월포와 두곡이다. 두 해수욕장은 형제처럼 사이좋게 붙어 있다. 도로와 가까이 있어 접근성이 뛰어난 것이 장점이다. 폭 30m의 몽돌해변이 900m나 이어지고 있고 모래와 몽돌이 함께 섞여 있는 것이 특징이다. 달밤 아래에서 듣는 몽돌 소리가 그만이다. 끄트머리 꼭두방으로 불리는 바위섬은 낚시포인트로 알려져 있다. 월포해수욕장 근처 가족휴양촌에서 남해 서면 금산과 앵강만을 동시에 감상할 수 있으며 흥덕마을의 계단식 논 역시 가슴을 후련하게 만든다.

위치 경상남도 남해군 남면 남면로111번 길 77

03
은밀하면서도 보석 같은 해변
모상개해변

남해에서 은밀하면서도 보석 같은 해변을 하나 꼽으라면 창선의 모상개해수욕장이다. 마을의 좁은 길을 지나 산을 넘어 막다른 길에 해수욕장이 숨어 있다. 그래서 조용하게 피서를 즐기고 싶은 사람들에게 추천한다. 모래가 곱고 에메랄드빛 바다에는 작은 섬들이 둥둥 떠 있어 그림 같은 풍경을 만들어낸다. 바다 건너는 사량도로 지리망산의 기암괴석도 눈에 들어온다. 해변 바로 앞 모섬은 천혜의 낚시터이며 이 섬을 배경 삼아 사진 찍으면 인생샷을 건질 수 있다. 모상개해수욕장은 아침 일출을 볼 수 있다.

위치 경상남도 남해군 창선면 진동리

옥색 물빛이 수놓는
트레킹 코스

남해 바래길의 꽃으로 불리는 조도와 호도에 걷기 좋은 '섬 바래길'이 열렸다. 이곳은 옥빛 바다가 빚어낸 절경을 따라 걷는 길이 이어진다. 쉬엄쉬엄 섬 바래길을 걸으며 남해의 숨겨진 매력을 온몸으로 느낄 수 있다.

01

옥빛 바다를 품은 아름다운 길
조도 바래길

조도는 미조항에서 볼 때 새를 닮아 새섬이라 부른다. 큰 섬은 새의 몸통, 작은 섬은 꼬리 부분으로 두 섬은 바다를 매립한 제방으로 연결되었다. 트레킹의 시작은 큰섬 선착장이다. 해안선 따라 시계방향으로 2.3km, 바다 경치에 취하다 보면 1시간쯤 소요된다.

가장 먼저 반긴 것은 조도다이어트센터다. 단순히 살을 빼는 곳이 아니라 모든 것을 내려놓고 마음을 비우는 힐링의 의미까지 담고 있다. 길에는 야자매트와 나무 데크가 깔려 있고 리본까지 매달아 길을 잃을 걱정은 하지 않아도 된다. 도화지에 물감을 똑 떨어뜨린 듯한 주변 섬들을 감상하며 걷는 맛이 좋다. 옥색의 물빛은 섬의 정취를 한껏 고조시킨다. 이렇게 섬의 매력에 푹 빠질 즈음 노랑비렁전망대가 나타난다. 쌀섬은 물론 건너편으로 보이는 호도 풍경이 시원하다. 유리 다리 아래로 몽돌밭이 보이고 철썩이는 파도까지 감상한다. 조도 길의 하이라이트는 도장게전망대. 그림 같은 주변 섬들과 양식장을 분주히 오가는 고깃배들이 멋진 풍경을 만들어낸다. 전망대 한가운데에 파란색 그물의자가 놓여 있다. 투명한 형태는 주변의 고유한 경관을 투영시키는 역할을 한다고 하니 괜히 풍경이 남달라 보인다. 다시 데크 길을 따라가면 작은 섬과 큰 섬 사이 움푹 들어간 곳이 나온다. 바닷물이 어찌나 맑은지 속이 훤히 드러난다. 안쪽에 작은 해수욕장이 숨어 있다. 옹기종기 모여 사는 마을을 구경하고 나면 난대림 숲길이 나온다. 1km쯤 나무 향기, 풀향기 맡으며 걸으면 마을 가까이에 웃는 우물이 보인다. 섬마을의 식수다. 펜션단지를 지나면 다시 큰섬 선착장을 만난다.

조도호(도선) 운항시간   미조 - 조도 - 호도

운항	출발	도착/출발	도착/출발	도착/출발	비고	이용요금(왕복)
1	미조 07:50	호도 08:00	작은섬 08:10	큰섬 08:15		대 인 : 8,000원
2	미조 08:30	호도 08:40	작은섬 08:50	큰섬 08:55		소 인 : 2,000원
3	미조 11:10	호도 11:15	작은섬 11:20	큰섬 11:30		도서민 : 2,000원
	호도 12:00	작은섬 12:10	큰섬 12:15	미조 12:20		승선정원 : 28명
4	미조 13:30	큰섬 13:35	작은섬 13:40	호도 13:50		
5	미조 15:30	큰섬 15:35	작은섬 15:40	호도 15:50		
6	미조 17:10	큰섬 17:15	작은섬 17:20	호도 17:30	11월 ~ 2월	
	미조 17:40	큰섬 17:45	작은섬 17:50	호도 18:00	3월 ~ 4월, 9월 ~ 10월	
	미조 18:10	큰섬 18:15	작은섬 18:20	호도 18:30	5월 ~ 8월	

02
바위 절경이 이어지는 해안탐방로
호도 바래길

호도 바래길은 옛 주민들이 생업을 위해 다녔던 길이었다. 해안 숲길로 2.1km, 1시간이면 둘러볼 수 있다.

호도 선착장에서 동백나무 군락지를 지나면 마을이 나온다. 여러 집들이 지붕을 맞대고 있지만 실은 7가구 외에는 빈집이란다. 마을을 지나면 해안탐방로다. 멀리 두미도와 욕지도가 아른거린다. 다시 숲길을 지나면 이곳에서도 그물의자를 만난다. 어업의 상징인 그물망 형태다. 이곳부터 선착장까지는 험준한 벼랑길, 그러나 나무데크 길이 조성되어 안전하게 걸을 수 있다. 이 길을 만든 이에게 감사하며 걷는다. 마당바위는 천 명 정도 앉을 수 있을 정도로 넓은데, 그 암반이 하나의 바위라는 것이 놀랍다. 저 멀리 설리스카이워크가 아른거리며 브레이커힐즈 남해리조트도 마지막 공사가 한창이다. 호도 바래길에서 가장 인상적인 것은 미륵바위다. 벼랑에 바위가 위태롭게 서 있는데 힘센 장정 몇 명이 힘을 쓰면 넘어갈 것만 같다. 계단을 넘으면 호도 선착장이다. 운 좋으면 선착장 갯바위 부근에서 물질하는 해녀를 볼 수 있다. 해녀의 숨비소리가 쩌렁쩌렁 울린다. 성스러운 노동의 절규 같다.

☀ 여행팁

섬 바래길은 섬마다 2km 남짓 코스로 이루어졌다. 조도와 호도는 각각 한 시간 정도 걷는다고 보면 된다. 미조항에서 섬까지는 10여 분 소요. 승선정원은 28명. 조도와 호도 접안 순서가 시간에 따라 바뀌니 운항시간표를 잘 보고 코스를 짜야 2개 섬을 효율적으로 걸을 수 있다. 섬 왕복에 8천 원, 2개 섬을 보려면 1만 원짜리 표를 끊어야 한다. 생수와 간식을 챙기는 것이 좋다. 호도에는 푸드트럭이 있어 배를 기다리며 간단한 요기를 할 수 있다.

문 의   조도호 선장 010-9908-7587
코스 예시   08:30   미조항 출발
             08:55   조도 큰섬 도착 및 트레킹
             11:15   큰섬 출발
             11:30   호도 도착 및 트레킹
             13:50   호도 출발
             14:00   미조항 도착

SPECIAL PLACES : 상주면&미조면

천천히 머물면서 오래 즐기는 바다
상주면&미조면

미조항은 남해에서 특히 아름다운 미항이자 국가항이다.
멸치와 갈치를 비롯해 위판장에서 싱싱한 활어와 해산물 경매가 이루어지고 여름별미 맛집이 몰려 있다.
복합문화공간 스페이스 미조도 꼭 들러볼 포인트다.
상주은모래비치를 품은 상주면은 아름다운 바다가 압권이다.
해안도로 드라이브도 좋고 카페와 인생샷 명소도 많다.
천천히 머물면서 오래 즐기면 더 좋은 미조와 상주는 여름이 더 멋있다.

여기 참 좋다, 상주은모래비치

상주은모래비치는 반달 모양의 백사장이 2km나 이어진다. 모래는 은가루를 뿌려놓은 듯 부드러워 마치 비단 위를 걷는 듯하다. 바닷물은 맑고 잔잔해 동화 속 호수를 마주하는 기분이다. 수온이 높고 수심까지 완만해 아이들이 물놀이 하기에 좋다. 해변과 하모니를 이루는 송림은 더위를 피할 수 있는 그늘을 만들어주고, 한여름에도 시원한 바람을 선사한다. 하늘 끝에는 금산의 기암괴석이 병풍처럼 서 있어 해수욕장의 가치를 높여준다.

주차장을 나오며 '밤배' 노래비를 만난다. 1973년 가수 '둘다섯'은 남해를 여행하던 중 보리암에 묵게 되었는데 발아래 펼쳐진 상주 해변을 보고 즉석에서 '밤배'라는 노래를 만들었다고 한다. 배의 돛 모양의 노래비에는 악보가 그려져 있으며 버튼을 누르면 감미로운 노래를 감상할 수 있다.

5~60대 중년에게는 추억의 해변이지만, 젊은이에게도 사진찍기 명소로 알려져 발길이 끊이지 않는다. 쪽빛 바다를 배경 삼아 창공을 날 수 있는 그네(sea swing)와 새끼손가락 언약 포토존도 인기 있다. 끄트머리에 가면 'SANGJU BEACH'라고 쓰인 포토존까지 있으니 제대로 인증샷을 남길 수 있다. 가장 시선을 사로잡는 것은 신진서 9단과 박정환 9단이 이곳에서 대국을 두었던 것을 기념한 바둑판 포토존이다. 송림 속에서 청량한 바람을 쐬며 신선놀음에 빠져보는 것도 괜찮겠다. 바둑을 모르면 오목을 두면 되고 그것도 힘들면 알까기를 하면 된다.

☀ 여행팁
위치 경상남도 남해군 상주면 상주로 17-4
주차 주차비 무료

활어처럼 펄떡이는 삶, 미조항 아침 경매

미조(彌助)항은 생동감 넘치는 항구다. 미륵이 도왔으니 그 풍광이 오죽하겠는가? 미조항은 멸치와 삼치, 갈치 등이 많이 잡히는 남해 수산업의 전진기지다. 아침 7시쯤이면 활어 경매가 시작된다. 손가락으로 움직이며 가격 흥정하는 모습은 펄떡이는 활어만큼이나 분주하다. 밤새 잡아 올린 감성돔, 도다리, 볼락 등 수십여 가지 생선들이 빨간 대야에 펄떡이고 있어 어항은 늘 활기가 넘친다.

1시쯤이면 멸치 경매를 볼 수 있다. 항구에 정박한 배는 멸치 털이에 여념이 없다. 은빛 멸치가 창공에서 떨어지는 모습이 장관이다. 멸치는 박스에 담기는데 경매장 전체가 은빛과 비릿함으로 가득하다. 갓 잡은 멸치를 삽으로 퍼서 상자에 담는 모습은 모내기 판을 보는 것 같다. 삶의 에너지가 충만한 미조항. 치열하게 살아가는 어민의 모습을 보고 힘을 얻게 된다. 내가 미조항을 사랑하는 이유다.

냉동창고의 변신, 스페이스 미조

1986년에 건축한 미조항 냉동공장은 얼음을 만들어 선박에 공급하고, 어획한 수산물을 얼리는 남해 대표적인 산업시설이었다. 그러나 시설이 노후화되고 저장공간이 부족해진 데다가 새로운 냉동공장을 건축하면서 천덕꾸러기 건물이 되었다. 2년간 도시재생을 통해 콘텐츠를 입혀 갤러리, 공연장, 카페 등 복합문화공간으로 거듭났다. 공간도 넉넉한 데다가 바다까지 끼고 있어 전시공간으로 최고다. 4층의 루프톱에 오르면 미조항 일대가 한눈에 내려다보인다. 조도와 호도까지 시야에 들어온다. 미조항 앞바다에서는 근사한 리조트의 인피니티 풀장이 보인다. 2023년 8월 28일까지 '파동의 언어'라는 주제로 이병찬 작가의 환경미술작품을 전시하고 있다. 플라스틱, 봉지, 비닐 등에 호흡을 불어넣어 자본의 팽창과 붕괴 도시의 비현실적인 감각을 시각화했다.
1층은 천장이 엄청 높은 카페가 자리하고 있다. 남해섬브라우니와 해당화에이드 등 전시와 연계된 스페셜 음료는 꼭 맛보아야 한다.

☀ **여행팁**
위치 경상남도 남해군 미조면 미조로 254 스페이스 미조
전화 0507-1350-8072
이용시간 오전 11:00 ~ 19:00 (화, 수요일 정기휴무)

남해미조리상록수림과 무민사

미조항 들어가는 초입, 그러니까 19번 국도의 끝자락. 산 전체가 푸른 숲인 남해미조리상록수림(천연기념물 제29호)이 자리하고 있다. 풍수지리상 약한 지형의 결점을 보완하기 위해 숲을 조성했다고 한다. 거기다 바람을 막아주는 방풍림과 고기떼를 유도하는 목적인 어부림 역할까지 하고 있다. 후박나무, 육박나무, 생달나무, 감탕나무, 식나무, 모밀잣밤나무 등 난대림으로 빼곡해 이곳을 찾으면 긴 호흡부터 하게 된다. 워낙 수종이 다양해 식물학자들이 일부러 찾아오는 곳이기도 하다. 이 숲이 우거지면 마을에 인재가 나온다는 전설이 내려온다.

미조중학교 맞은편 언덕에는 고려 최영 장군을 모신 사당 무민사가 있다. 당시 수군 진영을 순시하고 미조항에 들러 수군들을 격려했다는 기록이 전해오고 있다. 조선 중기에 건립되었다고 하는데 첨사의 꿈에 노인이 나타나 최영 장군의 칼과 영정을 모시라는 이야기를 듣고 이곳에 사당을 건립했다는 이야기가 전해온다. 주차장에 서면 미조항과 주변 섬 일대가 한눈에 들어오는 절경 포인트다.

☀ **여행팁**
위치 경상남도 남해군 미조면 미조리 110

☀ **여행팁**
위치 경상남도 남해군 미조면 미송로 303번 길 176
전화 070-4231-1117

바다 위 창공을 날아라, 설리스카이워크

길이 79.4m, 폭 4.5m, 주탑 높이 36.3m 비대칭형 교량으로 끄트머리에 유리 전망대를 만들어 놓았다. 바다를 향해 돌출되어 있어 유리 바닥 위에 서면 오금이 저린다. 송정솔바람해수욕장은 물론 저 멀리 금산과 보리암까지 볼 수 있으며 바다 건너는 여수 돌산도. 짜릿함을 만끽하겠다면 스윙 그네에 올라타라. 해수면에서 100여 m는 족히 되는 높이에 공중을 박차고 날게 된다. 마치 바다 위를 다이빙하는 느낌인데 스릴만점이다. 드라마〈여신강림〉에서 주인공이 데이트한 장소로 등장해 더욱 인기를 끌고 있다. 해안을 크게 휘감아 돌면 설리해수욕장으로 남해에서도 아름답기로 소문난 해수욕장이다.

보물찾기 맛집&카페

남해에서 만나는 여름의 맛

남해 미조항의 위판장 주변은 새벽부터 활기가 넘친다.
그날 잡은 각종 생선들이 경매장에 몰리기 때문이다. 여행객들도 경매에서 싱싱한 활어를 구입할 수 있고,
맛집들이 미조와 상주에 몰려 있어 맛있는 여름 별미를 맛볼 수 있다.

01
카페보다 더 예쁜 식당
윤스키친

미조항 수협위판장 뒤편 바다가 보이는 곳에 자리 잡은 윤스키친. 주차를 하고 가게에 들어서면 인형 가게에 잘못 왔나 하고 두리번거릴 정도로 뜨개 제품이 식당을 가득 채우고 있다. 인형부터 각종 액세서리와 가방 등의 소품은 사장님이 손수 만든 것들이다. 식당은 카페처럼 아늑하고 예쁘다. 이 집의 특징은 한 달마다 계절 메뉴를 내고 단일메뉴만 먹을 수 있다는 것이다. 4월은 파스타, 5월에는 수육보쌈이 메인 메뉴였다. 5월에 맛본 수육보쌈. 단일 메뉴라 음식이 빨리 나온다. 수육과 흰밥, 미역국, 샐러드 그리고 후식으로 과일까지 정갈하고 푸짐하다. 식사를 하면서 창문 너머로 남해 바다를 실컷 볼 수 있는 것도 덤이다.

☀ **여행팁**
위치 경상남도 남해군 미조면 미조로 168, 2동 1층
전화 0507-1362-1535 | **이용시간** 11:30~20:00
요금 계절메뉴 17,000원 선 | **주차** 가능

02
토박이도 인정한 맛집
가산식당 물회

찌는 듯한 더위를 이기고 싶을 때, 미조항의 식당에서 물회 한 그릇 먹으면 속이 후련하다. 가자미, 광어 등 생선회가 들어간 일반물회, 전복이 가득한 전복물회 그리고 전복, 멍게, 소라, 문어, 해삼 등이 들어간 해물물회 등 종류도 다양하다. 깔끔한 물회를 원한다면 한치물회를 권한다. 쫄깃한 한치회를 건져 먹고 새콤달콤한 국물까지 마시고 나면 잃었던 입맛도 되돌아온다. 냉동이 아니라 당일 잡은 생물로 요리하기에 싱싱함이 자랑이다. 딸려 나오는 반찬도 자극적이지 않고 깔끔하다.

☀ **여행팁**
위치 경상남도 남해군 미조면 미조로 244 | **전화** 055-867-5774 | **이용시간** 10:00~20:00 | **요금** 물회 2인 세트 50,000원 멸치회 30,000원 | **주차** 가능

03
회포장 전문 '정성도시락'까지 감동 포장집
유서방 회 떠가시다

미조항은 활어경매장이 있을 정도로 싱싱한 횟감으로 유명하다. '유서방 회 떠가시다'의 독특한 상호에는 이유가 있다. 서울 출신 도시 남자가 장인이 운영하는 가두리 양식장 일을 돕다가 싱싱하고도 맛있는 생선을 더 많은 사람들이 맛보길 바라는 마음에서 횟집을 열었다고 한다. 주문을 받으면 매일 양식장에서 그날분 횟감을 가져온다고 한다. 모둠회는 참돔과 우럭 그리고 귀한 고등어회가 들어 있다는 것이 특징. 거기에 상추와 마늘, 고추, 마늘종과 묵은지 등 갖은 채소와 초장과 막장까지 담긴 정성 가득한 도시락을 받게 된다. 회 접시에는 생선 그림 스티커가 붙어 있어 무슨 횟감인지 바로 알 수 있다. 회를 두툼하게 썰어 식감이 좋고 쫄깃하다. 리플릿에는 생선의 특징과 먹는 방법 그리고 매운탕 잘 끓이는 비법까지 적혀 있으니 참으로 감동적이다.
모둠회는 4만 원, 5만 원, 6만 원 등 다양한 구성으로, 포장만 가능하다. 12시부터 사전 예약을 받는다. 영업시간은 15:00~20:30까지지만 그날 수족관의 생선이 다 팔리면 일찍 문을 닫는다.

☀ **여행팁**
위치 경상남도 남해군 미조면 미조로 318번 길 14 파랑새펜션 1층 | **전화** 010-9968-5440
이용시간 15:00~20:30 | **요금** 모둠회 70,000원 뿔소라회 20,000원 | **주차** 가능

04
현지인 맛집 '엄마표 집밥'
명이네식당

미조항이 예쁘게 내려다보이는 명이네식당은 현지인 맛집으로 통한다. 기본 반찬만 먹어도 엄마 집밥을 먹은 느낌이 들 정도로 맛있다. 주 메뉴는 멸치쌈밥, 갈치구이, 멸치회무침 등이고 가을에는 갈치회도 별미다. 식당 내부는 크지 않지만 홀이 2개로 연결되어 있다. 멸치쌈밥이 가장 인기가 많은데, 매일 아침 경매에서 싱싱한 멸치를 가져와 멸치쌈밥과 멸치회무침을 만든다. 맛도 좋고 신선한 남해 바다의 별미를 맛볼 수 있다. 명이네식당에는 1인도 주문이 가능한 백반 메뉴도 있다.

☀ **여행팁**
위치 경상남도 남해군 미조면 미조로 218 | **전화** 055-867-4413 | **이용시간** 10:00~20:00 | **요금** 멸치쌈밥 12,000원 멸치회무침(중) 35,000원 | **주차** 가능

05
눈코입 사로잡은 남해의 유자도넛
옐로우츄도넛

남해 상주에서 미조면 방면으로 직진해 미조체육공원을 지나면 눈에 띄는 건물이 있다. 하와이의 도넛가게처럼 하얗고 파란 원색이 예쁜 도넛가게다. 옐로우츄도넛은 올해 4월에 오픈해 남해 이색 맛집으로 떠오르고 있다. 도로변에 있어 찾기도 쉽고 주차도 편하다. 남해에서 생산된 유자를 듬뿍 넣어 신맛은 강하지 않고 향은 은은하고 은근히 맛있다. 미국풍의 건물에 유자도넛의 조합이 신선해 주인장에게 물었다. 김한규, 김지유 부부는 부산에서 생활하다 고향인 남해  에 완전히 정착하게 된 게 바로 유자도넛 때문이라고 강조한다. 부부는 부산생활을 접고 독일마을에서 레스토랑을 운영하면서 노하우를 쌓고 이곳 송정리에 도넛 가게를 열었다. 건물 외관부터 내부, 포장상자, 각종 디자인 등 모든 것을 김한규, 김지유 부부가 발품을 팔아 완성했다고 한다. 무려 14개월 동안 디자인과 도넛 메뉴를 개발했다고 하니 정말 대견스러울 정도다. 건물도 멋지고 맛도 일품인 도넛가게다.

☀ **여행팁**
위치 경상남도 남해군 미조면 남해대로 237-1 2층
전화 0507-1349-6765 | **이용시간** 11:00~19:00
요금 옐로우츄도넛(1박스) 18,000원 아메리카노 4,000원 | **주차** 가능

06
고종의 커피 VS 헤밍웨이의 커피
촌집 카페 화소반

상주은모래비치 마을 끝쪽에 있는 남해 촌집 화소반. 마을 주차장에 주차하고 카페로 들어서는 순간 입이 쩍 벌어졌다. 작은 집이 마치 고래 등처럼 눈에 들어왔기 때문이다. 가게 이름대로 정말 촌집인데 자개장과 작은 소반으로 정말 단순하게 꾸며진 카페가 머리에 각인되는 느낌이 들 정도로 정갈하고 깔끔하다. 너무 예쁜 카페에 들어서 저절로 주인장부터 만나보았다. 어떤 분인지 궁금해서다. 정현종 시인의 <방문객>이란 시를 사랑채 외벽에 새기고 손님을 기다리는 주인장의 마음이 예쁘고 마음속까지 깊게 간직되는 소박하지만 아름다운 카페다. 커피와 수제 차는 향이 깊고 묵직한 맛이 더해진다. 화과자도 정갈하고 맛있다. 천천히 촌집에 머무는 것처럼 호사를 누릴 수 있다. "사람이 온다는 건 / 실은 어마어마한 일이다 // 한 사람의 일생이 오기 때문이다." 주인장의 마음이 느껴지는 촌집이다.

☀ **여행팁**
위치 경상남도 남해군 상주면 상주로74번 길 6 | **전화** 010-5088-8888 | **이용시간** 11:00~18:00 | **요금** 고종의 커피 5,000원 헤밍웨이의 커피 5,000원 화과자 3,500원 촌집 플레이트 소 3,500원 | **주차** 가능

07
상주해변 명물 중의 명물
1976해주핫도그

상주은모래비치는 남해에서 제일 예쁜 해변이다. 백사장 모래도 곱지만, 바다 색깔이 비취색이나 옥빛으로 빛나는 곳이다. 그런데 상주은모래비치의 명성에 버금가는 숨겨진 곳이 있다. 바로 해주핫도그다. 공식 가게 이름은 해주편의점이다. 이곳의 핫도그가 유명해진 것은 크고 맛있기 때문이다. 그냥 손님들에게 정성으로 보답한다는 주인 아주머님의 기본기가 핫도그에 버무러져 튀겨진 것이다. 주차장에서 소나무숲 입구 바로 왼편에 있다. 찾기도 쉽고 상주해변을 들어가려면 반드시 이곳을 지나친다. 핫도그는 크기가 큰 해주핫도그와 치즈핫도그가 특히 인기가 많다. 주문과 동시에 튀겨준다. 양도 많고 들어갈 때 사서 먹고 나올 때 또 사 먹는다는 입소문이 자자하다. 하지만 주중에는 핫도그를 판매하지 않고 주말에만 핫도그를 팔기 때문에 아쉬워하는 사람들이 많다.

☀ **여행팁**
위치 경상남도 남해군 상주면 상주로 17-6 | **이용시간** 10:30~17:00 (주말 운영/ 유동적임) | **요금** 1976해주핫도그 3,000원 야채핫도그 2,000원 치즈핫도그 2,500원 소세지 2,500원 | **주차** 가능

08
문화공간으로 다시 태어난
돌창고 프로젝트

남해읍에서 서면 스포츠파크 쪽으로 가다 보면 왼쪽에 육중한 돌창고 건물이 보인다. 1920년대 일제가 쌀을 수탈하기 위해 만든 창고로, 중세의 성처럼 견고하게 보인다. 100년을 버텨온 돌창고는 본래의 기능을 지우고 문화 공간 겸 카페로 거듭났다.

입구 벽면 위에 노란 농협 마크가 인상적이다. 거대한 스테인리스 회전문을 통해 내부에 들어가면 딴 세상. 사방이 막혀 어두울 줄 알았는데 천장에서 내린 빛이 내부를 환하게 비춘다. 견고한 건축 구조를 보는 재미가 그만이다. 1층은 갤러리 겸 도자기 공방으로 도자기 체험이 가능하다. 남해를 소개하는 엽서와 도자기가 전시되어 있다. 2층은 카페로, 우드톤의 인테리어 덕분에 푸근한 감성이 전해진다. 테이블도 듬성듬성 배치되어 여유 있다. 메인 메뉴로는 돌창고 미숫가루, 덩어리 쑥떡이 인기가 많다. 3층은 전망대로 주변 일대를 조망할 수 있다.

☀ **여행팁**
위치 경상남도 남해군 서면 스포츠로 487 | **전화** 055-863-1965 | **이용시간** 11:00~18:00 | **요금** 미숫가루 5,000원 돌소금커피 6,500원 유기농 말차라테 5,000원 | **주차** 가능

09
옻칠로 바다를 채우다
옻채아트

남면에서 아름다운 해안도로 드라이브를 즐기다 보면 서면에서 남해읍으로 가는 길의 언덕에 빨간 건물이 보인다. 서면에서 바라보는 여수 쪽 바다 풍경이 특히 아름다운 곳이다. 옻채아트는 한국전통공예인 옻칠공예로 만든 작품을 전시 및 판매하는 곳이다. 옻칠의 깊은 색감과 자개의 영롱한 빛을 이용한 나전칠기기법과 다른 옻칠기법을 응용한 작품들을 볼 수 있다. 또한 야외에 연인 설치미술과 옥상 전시실에도 현대미술 작품을 만날 수 있다. 아름다운 바다를 보며 커피와 차를 마실 수 있는 야외 갤러리 카페도 오픈한다고 한다.

☀ **여행팁**
위치 경상남도 남해군 서면 남서대로 1903 | **전화** 0507-1347-4182 | **이용시간** 10:00~18:00 | **관람료** 1,000원 | **주차** 가능

10
50년 쑥몽실이 사랑
이동복떡집

남해 유명한 쑥떡인 쑥몽실이의 원조집으로 해풍 담은 쑥을 자가 숙성해서 깊은 맛과 향을 낸다. 오로지 남해 쑥, 국산 찹쌀, 간수를 뺀 신안 천일염과 설탕으로만 맛을 낸 별미다. 쫀득한 맛이 일품이며 식사 대용으로도 좋다. SBS <생활의 달인>에 소개되어 전국적으로 유명세를 떨치고 있다. 3대에 걸쳐 50년째 명성을 이어가고 있는데 어머니는 수제 떡 국가 명인 인증을 받았다. 현재는 세련된 인테리어를 가진 떡 카페로 운영되며 음료와 함께 떡을 즐길 수 있다. 시그니처 메뉴는 쑥몽실이. 7개 세트를 1만 원에 살 수 있다.

☀ **여행팁**
위치 경상남도 남해군 이동면 무림로 68번 길 5-1 | **전화** 010-9423-4477 | **이용시간** 07:00~22:00 (수요일 휴무) **요금** 쑥몽실이 1박스(30개) 37,000원 흑임자 3,000원 | **주차** 가능

11
보리 커피 만날 수 있는 편집숍
앵강마켓

도시 사람들은 늘 '쉼'을 갈망한다. 앵강마켓은 그 취지에 걸맞은 카페이자 상점이다. 고풍스러운 건축미가 뛰어나며 빈티지 테이블과 가구를 통해 여백의 미를 강조했다. 가장 인기 있는 자리는 정원을 바라볼 수 있는 창가 자리. 조용히 티타임을 즐기기 좋다. 이곳의 시그니처 메뉴는 보리커피다. 작은 잔에 따라 마시게 되는데, 디카페인 원두와 보리를 로스팅해 고소하고 깊은 풍미가 자랑이다. 팥양갱과 유자양갱을 곁들여 먹으면 더없이 좋다. 음료뿐 아니라 돌미역, 돌김, 유자청, 멸치, 다시마, 야생차 등 남해 선물세트도 구매할 수 있다. 근처에 '백년유자'라는 근사한 디저트 가게도 있으니 함께 둘러보면 좋다.

☀ **여행팁**
위치 경상남도 남해군 남면 남서대로 772 | **전화** 055-863-0772 | **이용시간** 11:00~17:30 | **요금** 보리커피 6,000원 과일양갱 2,500원 티라테 7,000원 | **주차** 가능

캠핑장

남해 바다 가장 가까이서 하룻밤
캠핑장

남해는 아름다운 해변이 곳곳에 많다. 그래서 리조트나 펜션에서 머무는 것도 좋지만 해변에서 잠을 자고 곧바로 해수욕도 즐길 수 있는 바닷가 캠핑장을 추천한다. 편의 시설도 잘 갖춰져 있어 예약을 서둘러야 한다.

01
남해군 힐링국민여가캠핑장(앵강다숲)

숲과 바다가 잘 어우러진 캠핑장으로 빼곡한 어부림 숲이 자랑이다. 캠핑장 앞바다에는 석방렴까지 볼 수 있다. 계절별 야생화가 꽃을 피우는데 가을이 되면 꽃무릇으로 붉게 물든다. 1만 4,481㎡ 규모에 야영 데크 35면과 샤워실·화장실 1동, 개수대 3개, 전기시설 12개, 안내 사무실 1동이 갖추어져 있다. 성수기와 비수기 관계없이 가격은 4만~4만 5천 원, Zone A와 B는 바다를 마주하고 Zone C와 D는 숲속에 있다. 아무것도 하지 않고 그늘 아래에서 바다만 바라봐도 위로가 된다.

☀ 여행팁
위치 경상남도 남해군 이동면 성남로 105
전화 055-862-2227
이용시간 당일 14:00 ~ 다음날 11:00
홈페이지 www.남해힐링캠핑장.com

02
상주은모래비치 오토캠핑장

캠핑장 바로 앞에 바다가 있고 차를 사이트 옆에 세울 수 있어 편하다. 무엇보다 울창한 송림에 텐트를 칠 수 있으며 바다와 접해 해안 절경을 감상하면서 야영을 할 수 있다. 차량번호가 입력되면 자유롭게 출입이 가능하다. 바로 해수욕을 즐길 수 있어 주말이나 성수기에는 예약이 쉽지 않다. 캠핑장 방파제에서는 낚시가 가능하며 밤에는 나무들 사이로 전구에 불이 들어와 운치를 더한다.

바다 방향 사이트는 30개, 하천 방향으로는 38개가 있다. 위치와 평일, 주말, 성수기에 따라 가격이 달라지는데 7~8월 성수기 바다 사이트는 5만 원이며, 연박을 하면 5천 원 깎아준다. 샤워장, 화장실, 취수장, 전기시설을 갖추고 있다. 주변에 편의점, 식당, 카페 등 편의 시설이 많다.

☀ **여행팁**
위치 경상남도 남해군 상주면 상주로 17-4
전화 055-863-3583
이용시간 당일 14:00 ~ 다음날 12:00 (연중무휴)
홈페이지 https://sangjubeach.com

03
송정솔바람해변캠핑장

남해에서 2번째로 큰 송정솔바람해수욕장을 앞에 두고 있다. 소나무가 빼곡해 시원한 그늘을 만들어주는데 캠핑장은 송림 아래에 자리하고 있다. 물이 맑고 밀가루 같은 백사장이 자랑이다. 해변에는 액자 포토존이 있는데 구름문양에 설리스카이워크를 넣고 찍으면 재미난 사진을 찍을 수 있다. 총 51개 사이트가 있으며 1개 사이트당 2만 원이다. 이용 당일 현장에서만 예약이 가능하며 인터넷 및 전화 예약은 불가하다. 주차장 쪽에 송남항오토캠핑장이 조성되어 있다.

☀ **여행팁**
위치 경상남도 남해군 미조면 미송로 483번 길
전화 055-867-3414 / 010-8604-3414
이용시간 당일 12:00 ~ 다음날 12:00
홈페이지 www.송정솔바람해변캠핑장.kr

포토존

구석구석 찾아가 발견한
바다 포토존

젊은 여행객들에게 남해가 핫한 이유는 인생샷을 찍을 수 있는 곳이 많아서다. 남해 바다 근처에 카메라만 대면 멋진 사진이 나오는 장소를 구석구석 찾아내 소개한다. 꼭 찾아가 사진을 찍어보자.

01
상주은모래비치 고개 전망대

▶ **위치** : 경상남도 남해군 상주면 상주리 산 113번지

상주은모래비치에서 송정솔바람해수욕장으로 넘어가는 고갯길을 오르다 보면 작은 전망대가 손짓한다. 항아리 모양의 상주은모래비치가 부드러운 곡선을 그려내고 있으며 그 안에 옥빛 물이 담겨 있다. 짙은 송림이 해변을 감싸고 있고 그 옆으로 성냥갑 같은 집들이 오밀조밀 모여 있다. 마을을 감싸고 있는 높은 산은 남해 최고의 명산인 금산이다. 파란 하늘과 구름, 금산의 기암괴석, 항아리 모양의 바위와 섬. 이곳에 서면 안빈낙도를 보게 된다. 전망대 옆의 고목은 사시사철 그늘을 만들어내고 있다. 전망대 아래는 초록의 밭작물이 자라고 있으며 코발트 바다와 절묘한 대비를 이루고 있다. 10여 명이 쉴 수 있는 쉼터까지 조성해 놓아 간식을 즐기며 풍경을 감상하는 재미 또한 쏠쏠하다.

02
앵강만 포토존

▶ **위치** : 경상남도 남해군 이동면 화계리 14-1

신전삼거리에서 남서대로를 따라가면 하트 벤치가 있는 포토존이 나온다. 난간에 서면 앵강만과 앵강다숲은 물론 멀리 금산까지 아른거린다. 전통 돌 그물인 석방렴을 내려다볼 수 있는데 밀물 때 돌담에 들어온 물고기가 썰물 때 갇히면 잡는 전통어업방식이다. 뒷산은 거대한 새가 날개를 펴고 있는 형상이어서 마을 이름이 신전이 되었다. 하트 벤치에 앉아 바다를 바라보며 셔터를 누르면 근사한 사진 한 장 건진다.

03
미조 바다전망대

위치 : 경상남도 남해군 미조면 미조리 884번지

초전삼거리에서 미조항으로 가다 보면 왼쪽에 미조면 꽃길이 조성되어 있다. 한쪽에 '사진찍기 좋은 명소'라고 적힌 포토존 푯말을 볼 수 있다. 난간에 서면 팥섬, 마안도, 사량도는 물론 올망졸망한 섬들을 감상할 수 있으며 전복 양식장에 일하는 어부도 볼 수 있다. 포토존에는 '이곳의 풍경을 마음에 담아보세요'라고 적혀 있으니 눈으로만 보지 말고 마음으로 풍경을 감상하시라.

04
금천갯벌체험장 연인 포토존

위치 : 경상남도 남해군 삼동면 동천리 1512

독일마을에서 5분쯤 떨어져 있는 금천마을은 조개와 쏙을 잡는 갯벌체험장으로 유명하다. 이곳에 연필 데생 형태의 멋진 연인상이 있으니 바다를 배경 삼아 사진 찍으면 잘 나온다. 꽃게 조형물은 아이들이 열광한다.

05
토피아랜드 편백나무숲

위치 : 경상남도 남해군 창선면 서부로 270-106

창선면 산자락에 위치한 남해토피아랜드는 국내 최초로 조성된 토피어리 공원이다. 토피어리는 자연 그대로의 식물을 동물, 사람, 만화 주인공, 기차 등의 모양으로 자르고 다듬어 보기 좋게 만든 작품이다. 토피어리 정원 위쪽에는 편백나무숲이 조성되어 있는데 바다를 볼 수 있도록 근사한 하트 벤치를 만들어 놓았고 빈백, 해먹, 평상까지 조성되어 있다. 조명까지 켜져 근사한 사진을 찍을 수 있다. 마을 깊숙한 곳에 위치해 있고 길이 협소하니 운전에 조심해야 한다.

Vol.가을
꽃섬에서 온 가을 편지

NAMHAE ESSAY : 꽃섬 남해

아름다운 가을 속으로 스며든다
물미해안도로

가을은 감정의 변화가 심한 계절. 맑은 하늘처럼 환한 미소를 지었다가도 떨어지는 낙엽에 감정을 주체하지 못하는 것이 가을이다. 남해에서 가장 가을다운 도로를 뽑으라면 물미해안도로다. 벼랑길 옆구리에 점점이 떠 있는 섬들은 화창한 가을 같고 굽은 길은 변화무쌍한 가을의 심성을 닮았다. 요즘 한창 직선화도로 공사를 하고 있으니 앞으로는 울렁거리는 드라이브길의 진수를 만나기 힘들 것 같다. 눈발이 휘몰아치기 전에 가을 내음 물씬 묻어난 물미해안도로를 달려보자.

3번 국도 시점비와 어머니의 가슴 항도

초전삼거리를 지나면 '3번 국도 시점비'가 있다. 남해 미조를 시작으로 진주, 산청, 상주, 충주, 서울, 연천, 철원을 지나 북한의 평강, 황해도 신계를 지나 평안북도 초산까지 한반도를 가운데로 관통한다. 그 시작점이 남해라는데 참으로 의미 있다. 이곳을 지나 언덕을 오르면 고래 포토존이 나온다. 짙푸른 바다 위로 힘센 물기둥을 뿜어낼 것만 같다. 너른 바다와 고래의 유영을 보니 우영우처럼 아이디어가 샘솟는다. 고래 앞에 남해를 상징하는 나비벤치까지 놓여 있어 운치를 더한다.

다시 해안선을 달린다. 항도의 이정표를 보고 핸들을 꺾는다. 남해지도를 보면 어머니가 아이를 무릎에 올려놓고 놀고 있는 형상이다. 그걸 증명하듯 항동에는 어머니의 가슴 같은 섬 2기가 봉긋 솟아 있다. 두 섬은 방파제로 연결되어 있다. 옥색의 바다는 바닥이 훤히 드러날 정도로 맑다. 해변에 물이 빠지면 조개와 미역을 채취할 수 있어 아이들이 좋아한다. 뒤쪽 소나무숲을 지나면 전망대가 숨어 있다. 미조항과 열도들이 손에 닿을 듯 가까이 서 있다.

쫄깃한 공중체험, 보물섬 전망대

해안선을 옆구리에 끼고 달리다가 중간쯤에 등대 형태의 보물섬 전망대를 만나게 된다. 전망대에 오르면 360도 파노라마 조망이 가능해 일출과 일몰을 볼 수 있다. 2층은 카페와 스카이워크, 3층은 노을 전망대로 이곳에 서면 두미도, 욕지도, 사량도 등 한려수도 섬들이 가슴에 콕 박힌다. 가장 인기 있는 체험은 오션스카이워크 체험. 몸에 안전장치를 매달고 레일에 로프를 연결해 투명한 유리 바닥을 한 바퀴는 돌게 된다. 그것도 짜릿한데 공중에서 묘기를 부리는 체험까지 하게 된다. 안전요원의 도움으로 공중점프, 벼랑 쪽으로 몸 기울기 등을 따라 하다 보면 온몸이 후들거린다. 평생 잊지 못할 체험에 사진은 덤. 2층 카페 안에서 이 쫄깃한 장면을 통창을 통해 감상할 수 있다. 전망대 옆에 바다로 내려가는 산책로가 있다. 초소옆 전망대에 서면 작은 몽돌해변이 숨어 있는데 "쏴쏴" 소리를 낸다. 어머니의 살가운 목소리를 닮았다.

물건방조어부림

천연기념물로 지정된 '방조어부림'은 고기떼를 부르는 숲이다. 나무들이 고기떼를 어떻게 유혹할까? 그 해답은 녹색을 좋아하는 물고기들의 습성과 관련이 있다. 녹색의 나뭇잎들이 햇빛에 반사되면 그걸 보고 고기들이 해변으로 몰린다고 하니 참으로 신기하다.

태풍 매미 때 옆 마을인 은점마을은 엄청난 피해를 입었지만 이 마을은 온전했다고 한다. 허리띠처럼 길게 이어진 숲이 바람과 파도를 막아주었기 때문이다. 여름엔 더위를 막아주는 쉼터지만 가을엔 고목이 총천연색으로 변신해 이 길을 걸으면 누구나 시인이 된다.

나무를 심으면 바람도 막아주고 어부들이 휴식도 취하고 거기다가 고기까지 몰려온다는 것을 아는 선조의 지혜에 머리를 숙일 따름이다.

자연을 거스르지 않는 어로법, 지족 죽방렴

창선과 지족마을 사이를 흐르는 지족해협은 물살이 빠르고 수심이 얕다. 이곳에 참나무 말목 'v자' 모양으로 300여 개를 갯벌에 박고 그물을 입힌다. 썰물이 되면 이곳에 멸치, 꽁치 등이 걸린다. 물이 빠지면 뜰채로 생선을 퍼내면 끝난다. 어획물의 질도 최상이다. 최상의 멸치인 '죽방멸치'란 말도 이곳에서 유래되었다.

지족의 수산물이 맛있는 이유는 우선 물살이 세 고기가 힘이 있고 그물로 고기에 손을 대지 않아 상처가 없고, 멸치를 잡자마자 바로 옆에 있는 가마솥에 끓인다고 하니 아무래도 신선도가 맛의 비결이겠다. 하긴 순순히 잡힌 고기가 그물로 강제로 잡은 고기보다 맛있는 것은 당연하다. 자연에 거스르지 않은 어로방법이다.

SEASONS ISSUE : 독일마을 맥주축제

남해에서 독일맥주를 흠뻑 즐기다
남해독일마을 맥주축제

독일마을에서 매년 10월에 마을주민들과 함께 독일마을 맥주축제를 개최한다.
도르프 청년 마켓을 시작으로 사전 분위기를 띄우고 오크통과 술잔을 가득 채운 맥주,
사람들의 환호와 열기, 아름답고 세련된 독일 공연 등 다양한 행사와 재미가 가득하다.
독일마을 맥주축제에서 후회없이 즐겨보자.

뮌헨의 옥토버페스트는 브라질 리우 카니발, 일본 삿포로 눈축제와 더불어 세계 3대 축제로 손꼽힌다. 뮌헨을 대표하는 6대 맥주회사의 천막이 세워지고 원하는 브랜드의 맥주를 즐기게 된다. 누군가 일어나 건배를 외치면 모두 손뼉 치면서 원샷을 한다. 한국과 달리 독일의 물은 탁하기 때문에 맥주를 만들면 미네랄 성분이 녹아 독특한 맛을 자랑한다. 그러나 이 한잔 때문에 독일행 비행기를 타려니 엄두가 나지 않는다. 더구나 축제 때는 방값이 폭등, 예약하기도 힘들다. 그렇다면 남해 독일마을 맥주축제에 가라. 가장 독일다운 곳에서 독일 정통맥주를 즐길 수 있다. 대구나 전주, 홍천 등 전국에 수많은 맥주축제가 있지만 남해의 이국적 분위기를 따라갈 수 없다.

독일마을 입구에서 광장 주무대까지 퍼레이드를 펼치면서 축제가 열린다. 형형색색의 꽃장식과 오크통 마차는 뮌헨의 거리를 옮겨놓은 듯하다. 오크통을 망치로 내리쳐 맥주가 쏟아지면서 모든 참가자들이 건배하는 모습은 뮌헨 맥주축제를 고스란히 재현했다.

이 축제를 위해 독일에서 정통 고급맥주를 수입했으며 귀한 옥토버 맥주잔까지 구매할 수 있다. 역시 천막 안에서 흥겨운 공연이 펼쳐져 맥주를 즐기며 흥겹게 몸을 흔들다 보면 하루가 훌쩍 지나간다. 광장 중앙에는 맥주홀을 배치해 부담 없는 가격에 정통소시지와 학센(독일식 족발)을 맛볼 수 있다. 게다가 흥겨운 음악과 공연이 어울려 축제장이 분위기가 뜨겁다.

맥주잔 들고 달리기, 맥주 빨리 마시기대회, EDM 댄스, 유럽인들이 즐기는 게임은 물론 독일마을 산책하면서 이국적 분위기를 만끽할 수 있다. 독일 전통 의상을 입고 독일마을을 산책하는 재미도 즐겁다. 일회용 컵 사용을 줄이기 위해 텀블러를 가져오면 1인당 맛보기 독일 맥주 400cc 한 잔이 제공된다.

남해에 독일마을이 들어선 이유

이 멋진 독일마을은 왜 남해에 자리 잡았을까? 지금부터 30년 전 포스코와 광양항이 들어서면서 큰 배가 드나들어야 하기에 바다 흙을 준설하기 시작했다. 이 준설토를 가지고 서상 앞바다를 매립해 운동장과 아난티호텔을 짓게 된다. 수입의 5% 세수로 징수하니 남해로서는 최고였다.

90년대 당시 축구나 야구선수들은 겨울이면 해외로 전지훈련을 떠나는 편이다. 외화와 시간을 절약하기 위해 서상에 스포츠파크를 개장했다. 축구장만 7면, 야구장까지 있다. 그러나 한국의 잔디는 겨울이면 억센 데다가 누렇게 변해 운동장에서 몸을 날리기에 위험이 따른다. 그래서 4계절 푸른 유럽의 잔디를 수입하려고 독일에 문의하게 되는데 이때 독일의 간호사와 광부들의 도움을 받게 되었다. 남해군은 잔디를 수입한 덕에 독일 노드프리슬란트군과 자매결연까지 맺었다. 그러면서 파독 광부와 간호사들을 만나면서 고국에 살고 싶은 그들의 열망을 듣게 된다. 국외 이민이 유행했던 시기였기에 엄청난 반대에 부딪혔지만 당시 김두관 군수는 군민을 설득했고 외교부와 행자부에 도움을 청했다. 그리고 베를린, 함부르크, 본, 마인츠, 등에서 투자유치 설명회를 열었다. 의외로 50여 명의 투자 의향을 받게 된다. 단 20년 동안 재산권 행사를 하지 않는 조건인데 이는 부동산 투기를 막기 위해서다.

파독 간호사와 광부들은 독일에서 직접 건축자재를 가져와 전통 독일양식으로 집을 지었고 오늘날 대한민국에서 가장 이국적이고 아름다운 마을로 거듭나게 되었다. 많은 분들이 돌아가셨고 마을 가장 높은 곳에 추모누리공원에 묻혔다.

영화 '국제시장'의 감동과 애환의 결말은 독일마을이 아닐까 싶다. 이 마을이 사랑스러운 이유이기도 하다.

NAMHAE GERMAN VILLAGE
2023 OKTOBERFEST

독일마을 맥주축제
2023.10.6.(금) - 10.8.(일)

프리마켓 2023.10.4.(수) - 10.5.(목)

※ 2024 독일마을 맥주축제 일정은
하반기 남해군청 홈페이지 통해 공지 예정

독일광장 메인무대 일정

2023.10.6.(금)

13:00 ~ 13:30	술잔을 Beer
13:30 ~ 14:00	문화공연 (레인메이커)
14:30 ~ 15:00	술잔을 Beer
15:00 ~ 15:30	문화공연 (베르그프라우데)
16:00 ~ 16:30	술잔을 Beer
16:30 ~ 17:00	문화공연 (릴리킴밴드)
18:00 ~ 18:30	환영식
18:30 ~ 19:30	낭만콘서트 (주민합창단, 벨라제이)
19:30 ~ 20:00	술잔을 Beer
20:00 ~ 21:30	옥토버 나이트

2023.10.7.(토)

13:00 ~ 13:30	술잔을 Beer
13:30 ~ 14:00	문화공연 (주민합창단 + 위나밴드)
14:00 ~ 14:30	문화공연 (베르그프라우데)
16:00 ~ 16:30	술잔을 Beer
16:30 ~ 17:00	문화공연 (이효정프로젝트)
18:00 ~ 18:30	술잔을 Beer
18:30 ~ 19:00	낭만콘서트 (문치치밴드)
19:30 ~ 20:00	술잔을 Beer
20:00 ~ 21:30	옥토버 나이트

2023.10.8.(일)

12:30 ~ 13:00	술잔을 Beer
13:00 ~ 13:30	문화공연 (에스퓨전)
14:00 ~ 14:30	문화공연 (베르그프라우데)
16:00 ~ 16:30	술잔을 Beer
16:30 ~ 17:00	문화공연 (뉴텟)
18:00 ~ 18:30	술잔을 Beer
18:30 ~ 19:00	낭만콘서트 (신유식)
19:30 ~ 20:00	술잔을 Beer
20:00 ~ 21:30	옥토버 나이트

빅텐트 무대 일정

23.10.6.(금)
13:00 ~ 13:30 베르그프라우데
15:00 ~ 15:30 마칭밴드(퀸즈)
15:30 ~ 16:00 버스킹(크레용롤)
19:00 ~ 19:30 버스킹(박종원)

23.10.7.(토)
14:00 ~ 14:30 버스킹(이영주)
16:00 ~ 16:30 베르그프라우데
19:00 ~ 19:30 버스킹(싸이렌)

23.10.8.(일)
14:00 ~ 14:30 버스킹(김영진)
16:00 ~ 16:30 베르그프라우데
19:00 ~ 19:30 버스킹(허그)

옥토버챌린지
10.7.(토) ~ 10.8.(일)
14:30 ~ 16:00
독일광장 주무대

파독 광부·간호사와 함께하는 토크콘서트
10.7.(토) ~ 10.8.(일)
13:00 ~ 14:00
버스킹 숲속무대

빌라콜로니아 Open House
10.6.(금) ~ 10.8.(일)
10:00 ~ 12:00
14:00 ~ 17:00

Willkommen in Namhae
Deutsches Dorf
Oktoberfest

독일식 간이 음식점
Deutscher Imbiss
도이쳐 임비스
독일정통맥주/소시지

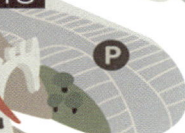

- 주차장
- 파독전시관
- 무대 존
- 키즈 및 인문학관
- 독일광장
- 아트 그늘막
- 마을펜션 · 마을사무실

전망대

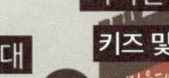

관광안내소

MBC 환상의 커플
철수네집

NAMHAE GERMAN VILLAGE

국기게양대

Willkommen in Namhae
Deutsches Dorf

한국 속 유럽
남해 독일마을을
지키며 사는 사람들

남해군 삼동면에 자리한 독일마을은 1960년대와 1970년대 독일로
기회를 찾아 떠난 파독 광부와 간호사들이 은퇴 후 한국으로 돌아와 정착, 함께 사는 마을이다.
은퇴한 파독 근로자들의 정착을 위해 만든 독일풍의 마을인 남해 독일마을은
삼동면 물건리와 봉화리 일대에 조성되었다. 천연기념물 숲인 물건항 방조어부림과
바다가 내려다보이는 아름다운 조망과 지붕색을 통일한 이국적 풍경이 어우러진 곳.
이곳이 아름다워 자연 발생적으로 생긴 독일 음식점과 기념품 가게는
탁 트인 독일마을 광장과 파독 전시관과 함께 가볼 만한 곳으로 사랑받고 있다.
독일마을을 지키며 사는 아름다운 사람들의 이야기를 들어본다.

01

"독일마을 갔더니 정말 독일 답더라!"

베를린성 정동양 전 독일마을운영회장

파독 간호사였던 이정희 대표와 독일로 유학을 갔던 독일마을 회장 정동양 교수. 정동양 교수는 독일마을 설립 당시 통역도 하는 등 마을이 탄생하기까지 주축이 되었고, 현재는 독일마을운영회장을 맡고 있다. 이국적인 남해 독일마을은 마을 풍경도 예쁘고 독일의 문화를 즐길 수 있는 곳이다. 그래서 정동양 독일마을운영회장은 '독일마을 갔더니 정말 독일답더라!' 이 말을 가장 듣고 싶다고 한다.

독일마을은 독일 별장이라 해도 과언이 아닐 정도로 아름다운 펜션들이 많다. 그 중에서도 '베를린성'은 카페, 펜션, 독일 맥주, 독일 소시지, 독일 커피와 차를 모두 경험할 수 있는 곳이다. 특히 아침에 차려주는 독일 현지 스타일 조식이 유명하다. 이곳의 모든 것들은 독일식이고, 독일의 문화를 체험할 수 있게 운영하고 있다.

'베를린성' 내부는 정통 독일식 카페를 그대로 재현해 놓았다. 문학을 이야기하고, 음악과 그림을 이야기하면서 독일의 문화를 나누고 싶었다고 한다. 내부 카페는 독일인의 성격을 닮은 듯 견고해 보이고 고급스러운 느낌이 든다.

숲속에 있는 작은 성처럼 '베를린성' 카페 안에는 독일에 대한 여러 정보가 담긴 책들도 많다. 카페가 유럽의 고풍스러운 앤티크 가구들로 꾸며진 것도 매력이다.

"독일마을은 1960년대부터 독일에 간호사와 광부로 파견된 분들이 모여 사는 곳입니다. 남해군은 한국의 경제발전에 기여한 독일 거주 교포들이 한국에 정착할 수 있도록 삶의 터전을 제공해 주고, 독일 문화를 경험하는 관광지로 개발하기 위해 2001년부터 남해 삼동면에 조성했어요. 남해군은 20여 동의 건축물을 지을 수 있는 택지를 독일 교포들에게 분양했고, 도로와 상하수도 등의 기반 시설을 마련해 주었죠."

독일마을에는 없는 것이 있다. 바로 전봇대와 울타리다. 처음 마을을 조성할 당시 정동양 회장의 조언으로 가능했다고 한다. 독일의 별장처럼 길을 따라 아기자기하게 집들이 자리 잡고 모두 산과 남해 바다가 보이는 마을이 조성되었다.

지금의 건축물들은 독일 교포들이 직접 독일에서 건축 부재를 수입하여 전통적인 독일 양식 주택을 건립했다. 2023년 현재 42동의 주택이 있고 22동은 교포들이, 20동은 귀촌인들이 살고 있다. 이 주택들은 주거지와 휴양지로 이용되며 관광객을 위한 민박으로도 운영되고 있다.

"1961년 독일 정부가 대한민국 정부에 제공한 차관의 지급보증은 파독 근로자들의 임금이었습니다. 40년 뒤 그분들 중 일부가 남해군청의 택지를 구입하고 손수 집을 지어 조성한 독일마을은 한국과 독일 문화의 가교 역할을 하고 있어요. 파독 근로자들의 노고를 기리며, 그분들을 따뜻하게 포용해 준 독일 국민들께 감사하는 마음을 늘 간직하고 있어요."

정동양 회장은 제2의 고향인 남해 독일마을에 정착해 살아가는 가족들과 독일마을의 모든 주민에게 감사의 마음을 품고 있다. 그래서 지금도 독일마을 구석구석을 가꾸고 관리하는 일에 직접 나서서 살피고 있다. 마을의 궂은일을 마다하지 않고 발로 뛰어 해결하는 만능 살림꾼을 자처한다. 한 마을이 만들어지고 유지되고 전해지는 것은 그냥 되는 게 아니다. 정동양 회장을 보면서 사람이 이 모든 일을 만들고 지킨다는 단순하면서도 확실한 마을의 모습을 되새기게 된다.

02

"물 만난 고기처럼 독일마을에 사는 게 가장 행복해요"

호수 위의 집 서부임·울머 부부

서부임·울머 부부가 운영하는 '호수 위의 집' 펜션은 인기가 많은 곳이다. 독일마을 아래쪽 작은 호수 옆에 자리 잡고 있어 정면으로는 호수와 산이 보이고, 오른쪽으로는 독일마을이 층층이 예쁘게 보인다. 2층에서는 왼편으로 물건리항과 남해 바다가 시원스럽게 펼쳐진다. 집에서 볼 수 있는 전망이 다른 곳에 비해 다양하고 예쁜 풍경이 펼쳐진다.

서부임 씨는 이 집을 2004년에 준공한 후 독일마을에 이주해 19년째 살고 있다. 당시 고등학교 교사였던 남편 울머 씨가 정년퇴직을 해서 독일마을에 정착하게 되었단다. 함안군 보건소에서 일을 하던 23살의 소녀가 25년이 지나서 독일마을에 왔다고 한다.

서부임 씨는 남해 독일마을에 온 뒤 합창단, 운영위원으로 열심히 봉사했다. 지금은 봉사활동을 다른 분들에게 넘기고, 문화센터에 가서 악기도 배우고, 산책하고, 여행도 하면서 여유를 즐기고 있다. 독일마을 주민으로서의 소소한 행복은 손님들이 반갑게 찾아오는 '호수 위의 집' 펜션이라고 한다. 독일마을에 정착한 독일 교포들은 대부분 민박집과 작은 가게를 운영하는 경우가 많다.

"우리도 민박집을 운영하고 있어요. '호수 위의 집' 펜션이에요. 1층은 거주하고 2층은 펜션입니다. 민박을 하면 심심하지 않게 일거리가 있고 젊은 분들이 집에 찾아와서 살아가는 이야기도 나누고, 음식도 나누는 일이 소소한 행복입니다."

예쁜 집에 손님들이 찾아와서 좋고, 작지만 용돈도 되고, 부담스럽지 않아 노부부에게 생활의 활력소가 된다는 설명을 들으니 독일마을에 사는 것 자체가 행복하다

는 말이 이해가 된다. 서부임 씨는 남편 울머 씨와 함께 집 청소도 하고 케이크나 쿠키 등을 만들어 손님들에게 나눠 주기도 한다. 울머 씨가 만든 초코케이크는 달지 않으면서 고소해 자꾸 손이 갈 정도로 맛있어서 감탄사가 나온다.

또한 서부임 씨는 "남해 독일마을은 기후도 좋고 독일에서 살다 온 교포들이 주민들이기에 정서적으로도 통하는 게 많아 살기 좋다"라고 말한다. 화려하거나 윤택한 삶보다 소박하고 심플한 독일 스타일 집 분위기처럼 서부임·울머 부부의 소박하고 웃음 가득한 행복이 전해진다. 그들을 통해 인생은 스스로 선택하고 책임지는 것이라는 이치를 깨닫게 된다. 서부임 씨도 물론 파독 간호사로 독일에 가게 되어 교사였던 울머 씨를 만나 결혼을 했고, 지금은 손자도 여럿이 되었다. 매년 독일에 있는 가족들과 크리스마스를 지내기 위해 12월부터 2월까지 3개월 정도 독일에 간다고 한다. 겨울을 나고 봄이 되면 따뜻한 남해에 돌아온다. 여유로운 일상 덕인지 두 부부는 인자하고 친절하다. 서부임 씨는 남편 직업 덕분에 전 세계를 여행하며 살았다. 독일에 살다가 페루에서 7년, 포르투갈에서 8년을 살았다. 하지만 지금 남해에서 사는 것이 물 만난 물고기처럼 제일 편안하고 좋다고 한다.

객실 테라스에서 바다 위에 부서지는 햇빛을 보고 있으니 노부부의 삶처럼 푸른 바다에 윤슬이 반짝반짝 수놓는다. 남해 바다를 바라보는 부부의 인생이 더욱 아름답고 포근하게 다가온다.

03

"남해대교 기념사진이 이루어준 꿈"

알프스하우스 신병윤·서원숙 부부

2008년 독일마을을 찾은 신병윤·서원숙 부부는 지금의 펜션 자리에서 알프스를 보았다. 알프스의 골짜기에서 멀리 바다가 보이는 풍경이 자연스럽게 떠올라 탄성을 질렀다고 한다.

영화 <국제시장>의 주인공 덕수와 영자처럼 독일에서 광부와 간호사로 만나 결혼하고, 제2의 고향 남해 독일마을에 정착한 두 사람은 밝고 에너지가 넘치는 부부다. 영화 <국제시장>의 주인공 덕수와 영자의 모델이었던 독일 광부와 간호사의 결혼은 영화보다 더 재밌고 드라마틱하다.

남편 신병윤 씨는 독일마을의 시니어 간판 모델로 활동할 만큼 인기 많은 젠틀맨이다. 시간 날 때마다 색소폰을 연주하고 문화행사 활동도 열심이다. 서원숙 씨는 맑고 웃음이 가득한 명랑소녀 같다. 동화 『알프스 소녀 하이디』의 하이디처럼 명랑하다.

신병윤 씨는 독일 북쪽 광산에서 일하던 때에 주말마다 '피앙세'를 찾아 3년 동안 돌아다녔다고 한다. 하지만 피앙세가 나타나질 않아 지쳐갔고 그 무렵 지금의 서원숙 씨를 만났다고 한다. 마치 소년이 소녀를 만난 것처럼 수줍게 연애 시절을 말하는 신병윤 씨의 얼굴이 밝아진다.

신병윤·서원숙 부부는 남해각에 기증한 남해대교 신혼여행 사진의 주인공으로도 유명하다. 부부의 집 알프스하우스에도 남해대교 신혼여행 기념사진을 간직하고 있다.

"독일에서 결혼식을 먼저 하고, 시댁인 진해에 와서 부모님과 친척들에게 정식으로 인사를 올린 뒤에 가족여행 겸 신혼여행을 남해대교로 온 게 1974년도였죠. 여행객들이 줄을 서 있는 남해대교를 배경으로 우리 부부도 기념사진을 찍었어요. 그리고 남해대교 아래 노량마을을 바라보면서 우리가 나중에 한국에 귀국하면 흔한 도시보다 노량마을처럼 작고 예쁜 마을에 살고 싶다며 소원을 나누며 다짐을 했어요."
간절하면 이루어진다는 말이 틀림없다. 두 부부는 2008년 지인의 소개로 지금의 '알프스하우스' 터를 만나게 되면서 남해 독일마을에 집을 짓고 정착하게 되었다.
"알프스처럼 멀리 바다가 보이고 바로 뒤에는 산이 둘러싸고 있어 한눈에 반했어요. 정말 주변 풍경이 너무 아름다워서 단박에 이곳에 정착하기로 했어요."

서원숙 씨는 파독전시관 옆에 자리한 독일마을 협동조합에서 운영하는 '도이처 임비스' 매장에서 봉사하고, 합창단 활동과 함께 펜션 '알프스하우스'를 운영하는 일이 재밌다고 한다. 마을을 위해서 봉사하는 것도 좋고, 펜션을 찾아오는 손님들과 이야기를 나누는 시간이 마냥 행복하다고 한다. 신병윤·서원숙 부부처럼 소소하지만 꾸준하게 자기 자리를 찾아 나눔과 봉사를 실천하는 삶이 여유롭고 아름다워 보인다.

04
주민 주도로 열린
첫 맥주축제의 주역
남해 독일마을은
'그리움의 종착역'

로젠하우스 석숙자 여사

남해 독일마을 전망대 아래 '로젠하우스'에 살며 민박도 운영하는 석숙자 여사. 1973년 파독 간호사로 독일로 떠났던 석 여사는 독일마을에 맨 처음 둥지를 튼 독일 교포다. 석 여사는 현재 남해 독일마을에 거주하며 파독 간호사로서의 삶과 독일마을에 대해 알리고 있다. 1960년대만 해도 우리나라는 빈곤 국가였다. 정말 가난했던 그 시절, 전 세계에서 두 번째로 가난한 나라였다. 대한민국을 빈곤의 나라로 인식했던 여러 국가는 우리가 내민 도움의 요청을 뿌리쳤다. 하지만 독일만이 그 손을 잡아주었다.

그렇게 간호사와 광부가 독일로 가서 필요한 외화를 벌고 한국에 송금했다. 1963년부터 1977년까지 7,936명의 광부를, 1960년부터 1976년까지 1만 1,057명의 간호사를 독일로 파견했다. 1973년 독일로 간 석 여사는 작은 도시 라이힐링엔에 동료 5명과 머물렀다. 그 마을에 처음 발을 디딘 동양인이었다. 이곳에서 석 여사는 기독교 계통의 양로원에서 첫 근무를 시작했다. 말 한마디 통하지 않는 독일에서 온갖 허드렛일을 하면서도 묵묵히 자리를 지켰다.

석숙자 여사의 독일 생활은 비록 힘들고 고단했지만, 추억으로 남게 되었다. "한국 사람 특유의 붙임성과 친절 덕에 독일인들도 점점 우리를 좋아하기 시작했지요. 그리고 당시 한국 8급 공무원 월급이 1만 5,000원이었는데 파독 간호사는 그의 열 배가 넘는 20만 원 정도 받았어요. 그중 생활비 3~4만 원을 제외하고 모두 한국으로 보냈지요."

석 여사는 "무엇보다 독일인과 한국인을 똑같이 대우했다는 점이 가장 고맙다"라고 말한다. 그래서 2002년 12월 16일 독일마을 1호 '로젠하우스'에 정착하고 2006년부터 3년간 여름방학 때마다 독일어 캠프를 열어 학생들에게 독일 문화를 나누는 일도 했다. 석 여사는 2011년 독일 뮌헨의 옥토버페스트 맥주축제를 벤치마킹해 독일마을 주민들과 함께 맥주축제를 시작했다.

"2011년인가 독일마을 맥주축제를 처음 할 때는 독일마을 주변 길이 흙길이고 오늘날처럼 주차장도 없었어요. 그래서 남해군청에 얘기해서 맥주축제를 하자고 제안하고 주민들이 직접 900만 원이 넘는 비용을 모으고, 군청에서 1,500만 원을 만들어 줘서 독일마을 자체적으로 맥주축제를 시작하게 되었어요. 독일식 음식과 문화를 나누고 싶어서 시작하게 된 거죠. 처음 하는 행사다 보니 대략 3,000명 정도 올 것으로 예상하고 맥주와 음식을 준비했는데 하루 만에 동이 난 거예요. 그래서 너무 미안해 사과문을 올리고 양해를 구하고 한국 맥주를 무상으로 나눠드렸어요. 그랬는데 예상치 못한 응원이 쏟아졌어요. '괜찮아! 괜찮아!' 하며 관광객들이 위로를 해줬어요. 이분들 대부분은 독일어 캠프에 왔던 대학생들이 성장한 친구들로, 가족들과 함께 찾아와 응원해준 것이었죠."

석 여사는 2002년 독일마을에 집을 짓고 '로젠하우스'라는 이름도 붙였다. 남편 요셉은 독일에서 폐암 치료를 받고 투병 생활을 마친 후 남해로 왔다. 그렇게 2년이 지난 2004년 3월 요셉은 석 여사 곁에서 눈을 감았다. 청춘을 다 바쳐 고생도 많이 했지만, 이들은 다시 독일마을에서 화합하고 서로를 위로하면서 남해에 둥지를 틀고 있다. 교포들은 합심해서 다양한 독일 문화행사를 열고, 합창단도 참여하고 있다.

아가씨 시절 눈물이 마르지 않던 나날이었지만 그 또한 그리움이 되고 소중한 추억이 되었다며 소녀처럼 활짝 웃는 석숙자 여사. 제2의 고향 독일마을에서 여생을 편안하게 보냈으면 좋겠다며 '로젠하우스' 하얀 울타리 앞에서 남해 바다로 하얀 미소를 날려 보낸다.

05
뮌헨에서 독일 여행사 운영 세계 곳곳을 누비다가 남해 독일마을에 반해 정착한 지금이 행복

뮌헨하우스 이병수·이영자 부부

이병수·이영자 부부는 독일 교포지만 간호사나 광부가 아닌 독일에서 여행사업체를 운영한 경험이 있다. 이 부부는 2012년 독일마을로 이주한 귀촌인이다.

2001년 남해군에서 독일을 방문해 파독 광부와 간호사들을 중심으로 독일마을 분양 홍보 행사를 진행했다. 그런데 분양이 미달되자 이병수 씨 부부 주위에서 남해 땅을 분양받으라는 권유가 있었다고 한다. 해외에서 오래 산 사람들은 고국에 대한 향수가 있기 때문에 나중에 귀국하면 남해로 들어올 것을 생각하고 분양을 받았다고 한다. 그때의 선택이 너무도 훌륭했다고 말하는 두 부부는 정말로 행복해 보인다. 창문 너머로 아름다운 남해 바다가 펼쳐져 말이 필요 없는 진심이 전해진다. 뮌헨에서 여행 일을 오랫동안 하면서 사업이 번창해 유럽 일대 여행을 도맡아 진행하는 랜드 여행사로 눈코 뜰 새 없이 바쁜 시절도 있었다. 대형 여행사에서 상품을 팔아 모객을 해서 보내면 유럽 일대 현지 여행을 진행하는 여행사였다. 지금은 뮌헨에 있는 여행사를 아들이 운영하고 있다고 한다.

이병수 씨는 파독 근로자 출신이 아니지만 오랜 기간 여행업에 종사했던 경력과 인품을 인정받아 2016년 독일마을운영회장을 맡아 마을을 위해 봉사하면서 독일마을과 독일 교포들을 위한 관광활성화 사업으로 '파독 광부·간호사 추모공원'을 조성하는 데 노력했다.

이병수·이영자 씨 부부가 운영하는 '뮌헨하우스'에서는 손님들과 테라스와 마당 옆 정자에 앉아 스스럼없이 식사하고 여행 이야기도 나눈다. 이병수 씨는 특히 독일 노래와 클래식에 해박해 음악 이야기도 들려준다

아동문학가 윤석중이 가사를 붙인 <옹달샘>은 독일민요 <드룬텐 임 운털란트>를 들여와 우리말 가사를 붙인 것으로 우리가 어려서 익히 듣던 동요 '깊은 산속 옹달샘'이다. 위트 있는 그의 음악 이야기와 설명은 손님들을 즐겁게 해주는 촉매제다. '뮌헨하우스'에서 흘러나오는 노래는 독일민요뿐만이 아니다. 바그너의 악극과 모차르트의 오페라 등 수많은 노래를 부부가 직접 녹음한 해설과 함께 재미있게 들을 수 있다. 이병수·이영자 씨 부부의 '뮌헨하우스'는 언제나 독일 노래가 흘러나온다. 바다가 보이는 남해 독일마을에서 독일 노래를 수시로 들을 수 있는 '오페라하우스'인 셈이다.

이병수 씨는 국내 여행사에서 근무하다가 1994년 독일로 가 뮌헨에서 독일 전문 여행사 '코리아나투어스'를 창업했다. 영어를 전공하고 프랑스어 실력도 상당했기 때문에 당초엔 프랑스행을 생각했지만 원칙에 충실한 독일인들의 관습이 마음에 들어 독일행을 택했다. 그의 독일행이 수십 년이 지난 후 남해 독일마을에 귀촌하는 인연으로 이어진 셈이다.

"여행업을 하면서 세계 곳곳을 돌아다녀 봤지만 독일마을만큼 아름다운 곳은 흔치 않아요. 테라스에서, 마당에서 바라보는 남해 바다와 산이 둘러싼 풍경은 언제 보아도 멋있고 아름다워요. 정말 나폴리보다 아름답다는 생각을 합니다. 우리는 정말 운이 좋은 부부입니다."

현재의 독일마을은 상업 시설들이 들어서면서 많은 변화가 있었다. 여행은 보고 느끼는 것뿐만 아니라 먹고 마시고 즐길 것이 있어야 재미가 있고 추억이 된다. 그는 현재의 독일마을의 스토리를 살려가며 개발이 진행되어야 한다고 조언한다. 독일마을을 찾는 여행은 사는 사람도 즐겁고 여행을 찾아온 손님도 즐거워야 매력이 두 배로 커지기 때문이다.

SPECIAL PLACES : 삼동면

남해의 숨은 보석, 내산을 거닐다

남해 바다가 황홀한 것은 누구나 알지만 그림 같은 계곡이 있다는 것을 아는 이는 그리 많지 않다.
남해 삼동면 산속 깊숙한 내산지역을 가면 대지의 눈망울 같은 내산저수지가 반짝인다.
남해 금산에서 발원한 물이 편백숲에서 정화되어 맑은 호수를 만들어내고 있다.
이 호수를 중심으로 남해편백자연휴양림, 남해힐링숲타운,
바람흔적미술관, 양떼목장 등 심신을 위로받을 쉼터와 놀거리가 가득하다.

내 마음의 힐링, 국립남해편백자연휴양림

편백자연휴양림은 섬 속의 육지라 불리는 삼동면 내산마을에 숨어 있다. 1960년대 조림된 피톤치드 가득한 편백나무와 삼나무가 울창한 숲을 이루고 있다. 돗자리를 펴고 누우면 쭉 뻗은 나무 덕에 시원한 눈맛을 즐긴다. 빼곡한 숲길은 거닐기만 해도 마음의 위안을 받게 된다. 한국을 대표하는 소나무와 곰솔은 아토피 예방은 물론 정신건강에도 그만이다. 숲속의 집에서 1km쯤 산을 오르면 전망대에 닿게 된다. 검푸른 편백나무 숲은 물론 넉넉한 바다까지 시야에 들어온다. 편백나무는 집단을 이루면, 접은 우산을 촘촘히 세운 것처럼 장관을 이룬다. 주황색 지붕과 하얀 벽을 가진 숲속의 집은 정열의 나라 스페인의 별장을 연상케 한다. 산림복합체험센터에서는 목공예 체험을 즐길 수 있다. 입구에 정크아트 작품이 눈에 들어온다.

☀ **여행팁**

위치 남해군 삼동면 금암로 658
전화 055-867-7881
통합고객센터(예약) 1588-3250

나비처럼 훨훨 숲을 거닐다 남해힐링숲타운

기존 나비생태공원에 흥미진진한 숲을 더해 남해힐링숲타운이 되었다. 워낙 깊숙한 산속이라 내산의 속살을 느끼기에 제격이다. 버섯모양의 매표소에서 표를 끊고 올라가면 나비생태관이 나온다. 나비가 알과 애벌레, 번데기를 거쳐 아름다운 나비로 태어나는 과정과 세계의 나비표본을 볼 수 있다. 제2 전시실에서는 지구의 곤충이야기를 들려준다. 가장 인기 있는 곳은 나비온실로 야자수 등 2천여 주의 식물과 계절의 구애 없이 나비가 훨훨 나는 것을 관찰할 수 있다. 밖을 나오면 나무 데크길. 빼곡한 숲의 기운이 느끼며 걷기만 해도 기분이 상쾌해진다. 지그재그길을 걸으면 한국의 자생식물과 야생화를 감상하게 된다. 가장 위쪽에는 유아숲체험원으로 인디언집, 숲속요새, 모래놀이터 등 아이들이 좋아하는 자연 놀이터가 가득하다.

☀ **여행팁**
위치 남해군 삼동면 금암로 562-23
전화 055-860-3282
입장료 성인 2,000원

바람이 맛있는 바람흔적미술관

내산저수지의 물은 짙은 남색을 띠고 있다. 그래서 호수는 나무의 반영을 담는 캔버스였다. 이 호숫가에 절묘하게 터를 잡은 바람흔적미술관 또한 한 폭의 그림을 보는 것 같다. 주차장에 차를 대고 삼나무의 향기를 맡으며 미술관을 찾아간다. 바람에 화답하는 바람개비 조형물은 한시도 쉬지 않고 몸을 움직이는데 억척스러운 남해의 어머니를 보는 듯하다. 미술관은 무인으로 운영되며 음료 한 잔을 시키면 부담 없이 작품을 감상할 수 있다.

주로 자연을 소재로 한 작품이 걸려 있는데 자유그림판에는 관람객이 직접 그림을 그릴 수 있도록 했다. 가장 인기 있는 곳은 호수가 보이는 마당. 작은 의자에 앉으면 거울 같은 호수에 자신의 얼굴이 비치는 것 같다. 굴다리를 지나면 조각공원이 있다. 보물을 찾은 기분이다.

☀ **여행팁**
위치 남해군 삼동면 금암로 519-4
전화 010-7542-3034
이용시간 10:00~18:00
입장료 무료

바람을 가르며 달리다, 내산플레이랜드

너른 부지에서 신나게 카트를 탈 수 있는데 아니나 다를까 옛 내산초등학교자리란다. 그래서일까. 이승복, 이순신, 안데르센 등 학교의 추억을 회상할 수 있는 옛 조형물이 남아 있다. 운동장에 구불구불 카트 코스를 조성했는데 타이어로 벽을 세워 안전하게 레이스를 펼칠 수 있다. 전동카트와 레이싱카트는 15분에 1만 5천 원이다. 특히 레이싱카트에 몸을 싣고 바람을 맞으며 내달리면 도심의 스트레스가 한방에 날아간다. 튜브 모양의 범퍼카도 인기 있으며 유아를 위한 꼬마기차도 있다. 초등학교 건물은 브런치 카페로 학교답게 내부에는 칠판이 놓여 있는 것이 특징이다. 제철 과일과 크림치즈를 가득 넣은 프렌치토스트가 인기 있다. 1층에는 사진 찍을 만한 포토존이 많은데 아무래도 2층 내부가 모던한 느낌이다. 애견카페로 강아지 간식을 판매한다.

☀ **여행팁**
위치 남해군 삼동면 금암로 373
전화 010-3577-4377
이용시간 토·일 10:00~18:00, 월~금 휴무

☀ **여행팁**
위치 남해군 삼동면 금암로 179-45
전화 010-8577-2244
이용시간 10:00~ 17:00
먹이주기체험 4000원
미니증기기관차체험 2,000원

양들의 놀이터 양마르뜨언덕

남해 독일마을 근처에 유럽 풍경을 볼 수 있는 곳이 양마르뜨언덕이다. 양과 몽마르뜨언덕의 합성어로 규모는 그다지 크지 않지만 탁 트인 하늘 아래 초원에서 하얀 양들이 평화롭게 노는 모습만 봐도 힐링이 된다. 목장은 총 3개, 제2 목장은 큼직한 양들이 커다란 바위와 편백나무에서 놀고 있는데 이곳이 포토존이다. 제1 목장은 아기양의 놀이터다. 하얀 의자 포토존이 있어 사진 찍기 좋다. 양들은 순한 편이며 우리 안으로 들어가 건초를 먹이거나 당근을 건네면 양들이 함박미소를 짓는다. 초입에는 토끼와 기니피그가 있고 발을 담글 수 있는 계곡이 있다. 음료 자판기가 있는 카페도 있으니 전원을 감상하며 다리품을 팔기에 제격이다.

세계 정원으로 이루어진 작은 마을, 원예예술촌

원예예술촌은 원예 전문가들이 함께 모여 살면서 집과 정원을 그림처럼 가꾼 마을이다. 꽃터널, 조각공원, 분수, 산책로 등 이색적인 꽃길이 조성되어 있는데 뉴질랜드풍의 토피어리 정원, 네덜란드풍의 풍차 정원, 프랑스풍의 풀꽃 지붕 등 이국적 주택과 집집마다 가꾼 세계 정원이 눈길을 끈다. 인위적으로 꾸민 것이 아니라 정원 공동체에서 텃밭을 가꾸듯 정원을 만든 것이 특징이다. 탤런트 박원숙 씨도 이곳에 꽃을 가꾸며 살고 있다. 마을 사람들이 직접 만든 수공예 액세서리, 장신구 등을 구경하는 재미가 쏠쏠하다. 팔각정에 오르면 동화 속에 나옴직한 바다풍경이 펼쳐진다.

☀ 여행팁
위치 남해군 삼동면 예술길 39
전화 055-867-4702 | **이용시간** 10:00~18:00
원예예술촌 입장료 6,000원 | **주차** 가능

살아 있는 영화세트장, 지족구거리

드라마 <응답하라 1988>은 서울 골목길의 추억에 담고 있다. 혹시 어촌마을의 1988이 궁금하다면 남해 지족구거리를 걸어보라. 삼동우체국부터 지곡반점까지 350m 대로변에는 옛날다방, 금은방, 사진관 등 레트로 감성이 물씬 묻어 있는 가게들이 즐비하다.

삼동면행정복지센터에는 건물을 다 가릴 정도의 향나무가 볼 만하다. 1973년에 문을 열었다는 뉴스타 사진관은 옛날 카메라와 빛바랜 사진으로 가득하다. 타지로 뿔뿔이 흩어진 가족이 한데 모여 가족사진을 찍었던 추억의 공간이다. 그 옆에 밝은달빛서점은 갤러리를 겸한 책방으로 마을 사람들의 사랑방 역할을 한다. 건너편 정다방은 40년 역사를 가진 다방으로 입구에 '오리지날 옛날 다방'이라는 글씨와 빨간 문이 정겹게 보인다. 70년대 의상 체험이 재미있는데 새마을복을 입고 쌍화차를 마시면서 추억을 회상해 본다. 보자기로 싼 보온병이 있어 커피 배달 체험도 해볼 수 있다. 아마도책방은 하루 종일 책을 읽고 싶을 정도로 느낌 가득한 서점이다. 일상의 작고 서툰 기록을 담은 자연상점에서는 환경을 생각하는 시간을 가져본다. 거리의 끄트머리에는 젊은 청년이 운영하는 소품가게 초록스토어가 있다.

☀ **여행팁**

전화 055-860-8151
위치 남해군 삼동면 동부대로 1876번길 12 일대

보물찾기 맛집&카페

독일마을 주변에서
줍줍 찾는 보물찾기

여러 맥주집과 기념품숍, 카페 등 독일마을 곳곳의 재미난 곳이 다가 아니다.
독일마을을 둘러싼 마을 일대에도 이색적인 식당과 카페 등이 오밀조밀 이어진다.
보물찾기하듯 만나는 이색적인 장소가 많다. 불가리아식 인테리어가 돋보이는 가게부터
미국식 햄버거를 만날 수 있는 곳, 문화공간과 정원이 있는 카페 등 보물찾기하듯 찾아가는 즐거움이 있다.

01
불가리아식 인테리어가 예쁜집
유즈노모레

물건리 방조어부림에 가다 보면 마을 한가운데 하얀색 건물이 반긴다. 어촌의 가옥을 개조해 만들었는데 유독 건물 높이가 낮고 창문으로 내부를 볼 수 있도록 했다. 유럽 불가리아 콘셉트로 앞마당에 야외파라솔과 의자가 놓여 있어 논두렁 뷰가 파노라마처럼 펼쳐져 가슴이 후련하다. 벽면의 기하학적 타일과 중후한 문짝 역시 불가리아 스타일이다. 불가리아식 커피와 요거트를 맛볼 수 있다.

☀ 여행팁
위치 남해군 삼동면 동부대로 1030번길 104 | **전화** 0507-1413-2624
이용 시간 11:00~18:00 화요일 휴무
요금 유즈노크렘 7,500원
불독 10,000원 | **주차** 가능

02
미국식 햄버거 맛집
홀리조이

미국의 대표음식 햄버거. 내부도 주황색, 노란색 등 파스텔 색감으로 미국의 햄버거집을 연상케 한다. 그러나 홀리는 한국식 입맛에 맞는 수제 버거집이다. 대표메뉴는 새우버거세트다. 통통한 새우패티가 들어가 있으며 빵도 도톰하다. 홀리버거세트는 두툼한 소고기 패티가 들어 있어 식감이 좋다. 바삭한 감자튀김도 먹을 만하다. 한쪽에 셀프바가 있어 피클과 함께 곁들이며 개운하다. 벽면에는 남해 관련 아기자기한 소품을 팔고 있다.

☀ 여행팁
위치 남해군 삼동면 동부대로 1254-5
전화 0507-1343-5257
이용시간 11:00~20:00 목요일 휴무
요금 홀리버거(소고기) 11,000원
조이버거(새우) 12,000원 | **주차 가능**

03
보름달 포토존이 있는 이탈리안 음식점
도우

파스타, 화덕피자 등 이탈리안 음식점. 빨간 벽돌의 외벽과 나무와 잔디가 이국적 분위기를 연출하고 있다. 내부인테리어는 화이트톤으로 깔끔하며 벽면에 달의 표면까지 묘사한 보름달은 포토존으로 인기 있다. 남해의 싱싱한 해산물과 마늘, 호박 등의 식재료를 사용해 신선한 것이 자랑. 노릇노릇하게 구워진 도우 빵은 꿀을 찍어 먹는다. 화덕으로 조리하는 라자냐는 당일 10개 한정 판매하며 돈마호크 스테이크는 수비드 방식으로 조리되어 하루 전에 예약해야 맛볼 수 있다.

☀ 여행팁
위치 남해군 삼동면 영지리 1207-2
전화 0507-1354-7193 | **이용시간** 11:00~18:00
목요일 휴무 | **요금** 해물도우파스타 18,000원
돈마호크 30,000원 | **주차** 길 건너편 주차장 이용

04
아기자기 예쁜 유럽풍 카페
박원숙의 커피앤스토리

원예예술촌 내에 남해 출신 배우 박원숙 씨가 운영하는 커피앤스토리 카페가 있다. 운이 좋으면 박원숙 씨도 만날 수 있다. 예술촌 입구에 이정표가 있어 찾기 쉽고, 카페 입구 야외 정원이 예쁘다. 실내도 유럽풍 카페로 아늑하다. 카페 곳곳에 박원숙 씨 사진이 걸려 있어 자꾸 눈길이 간다. 정원은 자유롭게 드나들며 사진을 찍고 돌아봐도 된다. 원예예술촌을 산책하다 보면 마을 주민과도 스스럼없이 이야기를 할 수 있다. 대다수 주민이 카페, 아이스크림 가게 등을 운영한다.

☀ **여행팁**
위치 남해군 삼동면 예술길 62 | **전화** 055-867-1030
이용 시간 09:00~18:30, 월요일 휴무 | **요금** 커피 5,000원, 케이크 5,000원

05
사계절 꽃이 피고 지는 카페
안화

한옥과 정원을 잘 가꾼 카페로 마당에는 사계절 꽃이 피고 진다. 특히 내부에서 바라본 바깥 풍경이 일품이다. 인테리어가 깔끔하고 공간에 신경을 썼으며 자연스러운 것이 특징이다. 시그니처 메뉴는 비타민이 가득한 청귤에이드로 새콤달콤하다. 무화과나 딸기 등 계절과일이 듬뿍 담긴 크로플은 단연 인기다.

☀ **여행팁**
위치 남해군 삼동면 삼이로 338
전화 0507-1356-0287 | **이용시간** 10:00~18:00
수요일 휴무 | **요금** 청귤에이드 7,000원
시즌 메뉴 크로플/보틀 케이크 등 | **주차** 주차장 있음

06
크리스마스를 주제로 한 카페
물건너온 세모점빵

365일 크리스마스 분위기를 느낄 수 있는 감성 카페, 세모난 형태의 빨간 집 모양과 산타할아버지가 입구에 서 있어 차를 멈추게 만든다. 내부는 성탄 조명과 크리스마스 트리, 루돌프, 흔들의자 등 아기자기한 소품들로 가득하다. 산타 옷을 입고 사진을 찍을 수 있도록 산타방까지 운영하고 있다. 캔들, 사탕, 초콜릿 등 크리스마스 용품도 팔고 있다. 유자레몬빵, 다양한 파운드케이크, 달달한 초콜릿을 맛볼 수 있다. 파운드케이크는 하루 한정 수량만 판매한다. 야외에는 재미있는 흔들의자가 있다.

☀ **여행팁**
위치 남해군 삼동면 금암로 430
전화 0507-1324-1107 | **이용시간** 11:00~19:00
수, 목요일 휴무 | **요금** 마시츄 6,200원
크리스마스초코초코 6,200원 | **주차장** 있음

Vol.겨울
꽃섬에서 온
겨울 편지

NAMHAE ESSAY : 남해에서 온 엽서

겨울 남해의 매력은
골목 여행입니다

한해 열두 달을 온전히 채워 보내는 12월이 되면 그리움과 아쉬움이 아득하게 밀려옵니다.
아쉬웠던 순간도 떠오르고 목표를 이룬 성취감을 느꼈던 순간도 스쳐 갑니다.
이제 남해 바다를 향해 아쉬움은 놓아주세요. 그리고 솟아나는 햇살을 바라보며
새로이 만날 한 해의 소망을 떠올려 보는 겨울 여행을 남해 골목으로 떠나보면 어떨까요?

남해는 상주은모래비치, 보리암, 미조항 등 유명한 관광지가 많지만, 이번 겨울에는 구석구석 남해읍을 걸어보세요. 겨울이어도 초록의 시금치밭을 볼 수 있고, 군청 앞 먹자골목에서 푸짐하고 따끈한 국밥 한 그릇과 남해전통시장에서 싱싱한 활어회도 드셔보세요. 천천히 오래 기억하고 싶다면 남해읍내 골목을 타박타박 걸어보세요. 어린왕자길, 남해의 봄날길, 동문안 전래놀이길, 동문안 새미길, 회나무 소원거리 등 아름다운 벽화와 테마를 따라 걸을 수 있는 추억의 골목길이 연결되어 있어요.

정겨운 풍경이 이어지는 남해의 골목길을 걸으면서 우리 안에 뒤섞여 놓인 것들을 정리해보셔요. 가장 먼저 쓰일 희망부터 꺼내어 보기에 이곳 남해만큼 좋은 곳이 있을까요. 걷다보면 맛있는 냄새들이 우리를 이끌 겁니다. 뜨끈한 국밥부터 정갈하고 푸짐한 백반과 남해어시장의 활어회까지 맛보고 회나무 소원거리에게 내일의 소원을 빌어보는 골목여행, 어떠세요?

SEASONS ISSUE : 남해읍 구석구석 골목길 여행

겨울 남해읍의 최고 매력은
구석구석 골목길 여행

다 같이 돌자 동네 한 바퀴. 어릴 적 노래를 흥얼거리며 동무들과 시간 가는 줄 모르고 놀던 골목길에 대한 추억은 정겹고 아련하다. 한 해를 마무리하고 또 새로운 한 해를 맞는 해넘이 여행지로 남해가 딱이다. 일몰과 일출을 동시에 볼 수 있고, 눈부신 바다가 펼쳐지고. 골목마다 풍미가 가득한 맛집이 즐비하다. 남해 읍내에서 골목 산책도 즐기고 맛있는 진수성찬도 꼭 먹어보자. 아름다운 이야기가 가득한 남해 읍내의 골목을 타박타박 걸어보자.

01
겨울 철새의 놀이터, 남해 바닷길

한겨울 남해에서 가 볼 만한 곳을 추천하라면 남해읍에서 가까운 '남해 바닷길'이다. 선소리 조망대를 시작해 습지와 호수를 한 바퀴 돌고 난 후 쇠섬까지 다녀오는 코스로 3.8km 도보 1시간이면 생태 여행의 진수를 맛보게 된다.

바닥은 폭신한 흙길, 난간을 따라 걷게 되는데 양쪽에 억새와 갈대가 바람에 일렁인다. 저 멀리 망운산과 남해 읍내의 아파트가 조망된다. 이 길을 추천하는 이유는 단순히 하천과 바다를 걷는 것이 아니라 철새를 감상하는 탐조 길이기 때문이다. 하천이 강진만 바다로 빠지기 직전이기에 민물고기가 많고 갯벌의 조개까지 풍성해 새들이 찾아온다. 특히 습지는 철새들의 놀이터다. 엄청난 크기의 큰고니는 비행기의 이륙을 보는 듯해 숨죽이며 지켜본다. 특히 주황색 부리를 가진 검은머리물떼새는 천연기념물로 지정될 정도로 귀한 새다. 도요새는 물론 보기 힘든 노랑부리저어새, 황새까지 볼 수 있는데, 곳곳에 성능 좋은 망원경과 가림막인 탐조대까지 있어 새들의 움직임을 훔쳐보기 딱 좋다.

☀ **여행팁**
시작점 남해군 남해읍 선소리 33-35

벤치에 앉아 캔 커피 한잔하면서 바람을 맞으면 딱 좋다.
습지 길을 타박타박 거닐다가 다시 바다로 나오면 갈매기 형상의 선소리 조망대를 만난다. 강진만은 어머니를 닮았기에 이곳에 오르면 어머님의 품에 안긴 것처럼 따사롭다. 오른쪽에 예쁜 섬이 하나 보이는데 쇠섬이다. 학창 시절 남해 사람들의 소풍 장소이자 많은 연인들의 첫 키스 장소였다고 한다. 섬이지만 방파제로 연결되어 있는데, 양쪽은 천연 갯벌로 굴이 자란다고 한다. 이 작은 섬에 팽나무, 소나무 등 고목이 울창한데 안쪽에 평상과 테이블이 있어 다리품 팔기가 좋다.
'등잔 밑이 어둡다'라는 말을 입증하듯 남해읍에서 가까운 곳에 이런 보석 같은 길이 기다리고 있을 줄이야. 새들과 함께 훨훨 날아가는 기분으로 이 길을 걸어 보길 바란다.

02
속살 같은
남해 읍내 바래길

☀ **여행팁**
시작점 남해군 남해읍 남해대로 2835 남해공용터미널

'바래'라는 말은 남해 어머니들이 가족의 먹거리 마련을 위해 바닷물이 빠지는 물때에 맞춰 갯벌에 나가 파래나 조개, 미역, 고둥 등 해산물을 손수 채취하는 작업을 일컫는 남해 토속어이다.

바래길은 25개 코스 256km로, 천혜의 자연환경과 사람들을 만나는 걷기 길이다. 그중 읍내 바래길은 남해공용터미널을 시작으로 남해향교를 지나 남해성당을 거쳐 봉황산 나래숲공원을 지나게 된다. 백로가 많아 이름 지어진 학림사를 지나 봉황산 숲길을 지나면 남해읍 최고의 경관으로 불리는 아산저수지 둑길을 걷는다. 이후 만나는 오동리 다랭이논 곁을 지나 마을 길을 지나면 읍민들의 쉼터인 남산공원을 지나 유배문학관에 다다른다. 이후의 길은 청년창업거리와 남해어시장을 지나 다시 시작점인 남해공용터미널로 돌아오는 원점회귀형 코스다. 총 10km 3시간 30분이 소요된다. (남해바래길 앱 참조)

특히 이 길은 남해성당, 남해향교, 법흥사를 지나가는 '3대 종교길'이기도 하다. 남해성당은 정삼각형 형태의 지붕이고 그 위에 작은 십자가서 있으며, 그 아래쪽에 피에타상이 놓여 있는 독특한 구조다. 고즈넉하면서도 절제된 남해향교는 오늘날까지 석전대제를 봉행하고 있으며 오래된 유자나무까지 있어 향이 짙다. 도심 속 사찰 법흥사는 불교 대중화의 산실이며 도심의 휴식 공간으로 탁 트인 경관이 자랑이다. 남해전통시장은 제철 회를 저렴하게 맛볼 수 있다.

다같이 돌자 동네한바퀴
남해읍 이색 골목길 여행

남해읍내는 추억이 가득한 골목길이 많다. 현지 주민들이 참여해 골목길을 조성하고
남해의 사계절과 전래놀이를 담았다. 추억의 간식을 먹고,
전래놀이를 벽화로 새겨놓은 곳이 있다. 남해읍내 골목길을 유유자적 걸으며
테마가 있는 골목길 탐험을 즐겨보자. 남해의 봄날, 동문안 전래놀이길,
동문안 새미길, 군청 먹자골목, 어린왕자길을 순서대로 따라 걸으며
재미가 가득한 기념사진도 폼나게 찍어보자.

다같이 돌자
동네한바퀴

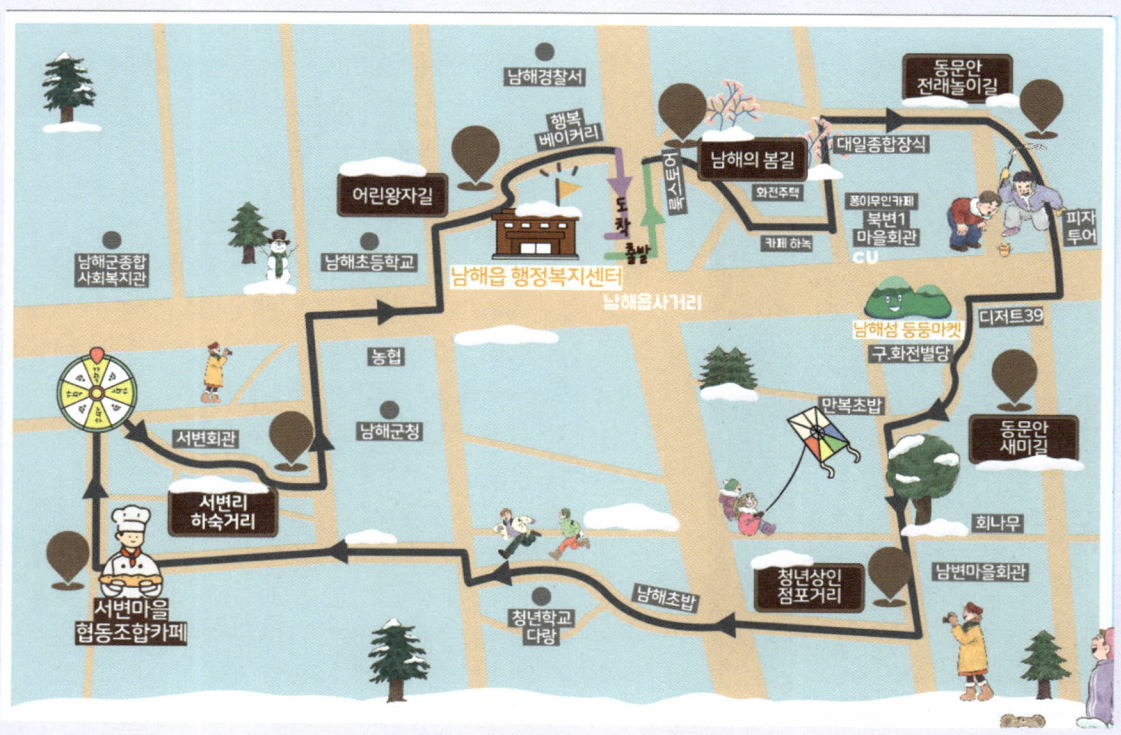

03 남해읍 이색 골목길 여행

시작점 남해군 남해읍 화전로 87 행복베이커리 옆 ☀ 여행팁

❶ 어린왕자 골목길

남해초등학교와 남해경찰서 사이 골목길. 낡은 담장에 꽃과 마차 등 동화 속 이미지를 그려 놓아 아이들은 원색의 그림을 보며 꿈을 키울 수 있으며 어른들은 유년의 추억을 되새겨 보기 좋다. 길 초입에 어린이들에게 나눔을 실천해 온 유퀴즈의 주인공 김쌍식 제빵사의 행복베이커리가 있어 아이들이 빵을 들고 등교하는 모습까지 만나 볼 수 있어 정겹다.

② 회나무 소원거리

거리 중심부에 500년에 달하는 회나무 한그루가 우리를 지켜주고 있다. 나무 근처에는 팔선녀 포토존이 있어 사진을 찍을 수 있다. 이 거리에는 에이티즈 최산의 이모가 운영하는 국밥집, 유명 호텔 요리사가 운영하는 고깃집, 막창, 보쌈과 노포 감성이 서린 갈빗집까지 육류 맛집이 즐비하다. 아래쪽에는 청년상인점포가 있다. 회나무 양복점은 양복점 인테리어를 가진 식당이다. 그 밖에 재미있는 카페와 공방이 가득하다. 큰별돈까스 옆에 있는 꽃 창문은 포토존으로 인기 있다.

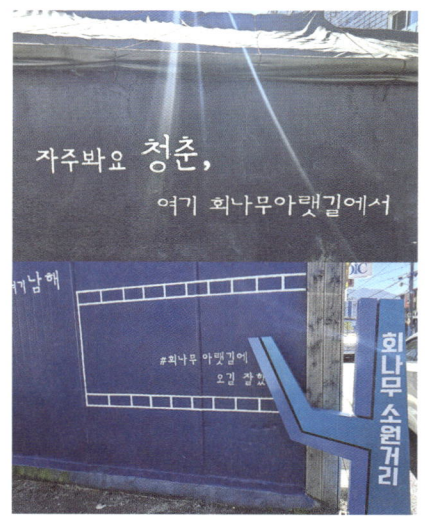

☀ **여행팁**

시작점 남해군 남해읍 화전로38번길 22
밀양돼지국밥 앞

❸ 동문안 전래놀이길

딱지치기, 윷놀이, 구슬치기, 오징어놀이까지 벽화를 통해 유년 시절 집 앞 골목길의 추억과 동심의 시간 여행을 즐기게 된다. 단순히 눈으로 보는 것이 아니라 윷놀이를 할 수 있도록 윷이 있으며 지게발로 골목길을 걸어 볼 수 있고 굴렁쇠를 굴려보기도 한다. 실뜨기 벽화까지 디테일이 살아 있다.

☀ **여행팁**
시작점 남해군 남해읍 화전로78번가길 24 대일종합장식 옆

❹ 동문안 새미길

새미는 '우물'을 뜻한다. 남해읍성의 동문 안쪽은 읍민들의 식수를 책임졌던 우물이 있던 정겨운 골목이다. 새마을 운동 때는 골목 안길과 도랑을 정비하기 위해 북변 마을 주민들이 함께 작업했다고 한다. 망운산 진달래, 남해힐링숲타운 등 남해의 봄과 내산단풍길, 물미해안도로 등 남해의 가을을 담은 대형 벽화를 볼 수 있다.

☀ **여행팁**
시작점 남해군 남해읍 화전로78번길 12-1
디저트39 옆

> ☀ 여행팁
>
> **시작점** 남해군 남해읍 망운로 1-17 단골집 앞

⑤ 군청 앞 먹자골목

남해에는 회나 멸치쌈밥만 있는 것이 아니다. 오래된 노포가 즐비한데 특히 군청 앞 골목은 오랜 연륜을 가진 맛집들이 즐비하다. 백반기행에 소개된 '단골집'은 남해 식재료로 사용한 남해 백반 한상차림이 가득하며, 동은기사식당은 된장찌개, 김치찌개와 두루치기가 일품으로 오래전부터 지역민들이 즐겨 찾는 집이라고 한다. 중국집과 국밥집도 점심시간이면 만석인 만큼, 푸근한 정을 느끼며 한 끼 식사를 즐기고 싶다면 군청 앞 먹자골목을 거닐어라. 한옥을 문화공간으로 꾸민 남해청년센터 '바라'도 있으니 식사 후 쉼표를 찍어도 좋겠다.

입에 착착 붙는
남해의 소문난 맛집

남해읍은 먹거리 천국이다. 남해시장을 비롯해
골목골목 착한 가격에 맛있는 음식을 맛볼 수 있다.
시장 주변과 군청 주변은 특히 소문난 맛집이 몰려 있다.
양도 푸짐하고 맛도 좋은 남해의 진짜 맛집을 소개한다.

아산리

아산저수지

봉강산

남해전통시장

천주교 남해교회

남해읍행정복지센터

화전어린이도서관

2 3 5   남해공용터미널

1

화전도서관   남해경찰서   4

남해초등학교 6   남해제일고등학교

9   16   남해중학교

7 10 11 12   17

13 19

14   20 18

15 21   경남도립대학

남해군청

8

서변리

창원지방법원
남해군법원

남해도서관

남변리

★
섬마을해물칼국수

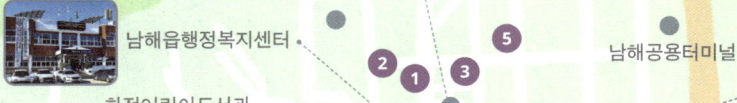

남해 맛 지도

1. 왕창국밥
2. 모퉁이분식
3. 복례가마솥국밥
4. 짱구식당
5. 남해시장회센터
6. 행복베이커리
7. 화통
8. 88회관
9. 카페파밀리아
10. 효야네삼계탕
11. 동네커피
12. 사천형제국밥
13. 단골집
14. 화덕안
15. 동은기사식당
16. 아구마을
17. 초량정
18. 밀양돼지국밥
19. 회나무뒷고기
20. 화랑갈비
21. 동네수육

소도

★ 쇠섬스토리펜션 & 레스토랑

입현리

★ 남해암소한마당

01
국밥

남해하면 멸치쌈밥이나 물메기, 회를 떠올리는 경우가 잦으나 그건 바다와 가까운 미조나 상주면에 가깝다. 생활인구가 가장 많은 남해읍의 경우는 이런 물고기보다는 오히려 뜨끈한 국밥이 친근하다. 좋은 소(송아지)를 제값에 팔려는 농가와 전국 중매인이 몰려드는 우시장이 남해읍에 있어 우시장 경매가 열리는 날이면 면 단위에서 우후죽순 소를 앞장세우고 읍으로 걸어 왔던 옛 풍경 때문이었을까. 소머리곰탕과 내장탕으로 유명한 한우큰솥집을 시작으로 읍 곳곳엔 돼지 국밥집도 제법 여럿이다. 국밥은 서민 음식으로 한 그릇 든든하게 서둘러 먹고 일어날 수 있어 남해읍내 국밥집마다 단골이 많다.

동네수육

형제국밥 | 섞어국밥 055-864-7796 망운로1-2
동네수육 | 수육전골 0507-1356-1743 화전로 60-19
왕창국밥 | 왕창국밥 055-864-7100 화전로 103
복례가마솥국밥 | 소머리국밥 055-863-5939 화전로96번가길 15-1
밀양돼지국밥 | 돼지국밥 055-864-4235 화전로38번길 22
한우큰솥집 | 소머리곰탕 055-864-4445 화전로 4

02
백반

갈수록 뜨끈한 집밥이 귀해지는 요즘이다. 여느 남도처럼 상다리가 휠 만큼 반찬이 한 상 가득 차려지는 한정식은 아니지만 남해의 제철 신선한 별미를 밥상 위에서 만날 수 있는 '백반'의 매력은 담백 그 자체다. 남해는 해산물, 농산물 식재료의 천국. 시금치는 '보물초'라는 브랜드를 가지고 있다. 남해의 신선한 식재료와 제철 생선이 식탁에 오른다.

미소담

동은기사식당 | 김치찌개 055-862-5587 화전로길 59번길
단골집 | 백반정식 055-864-5190 망운로1-17
봉정식당 | 백반 055-864-4306 화전로 110
민속찜세상 | 순두부찌개 055-864-9797 망운로9번길 21
초량정 | 멸치쌈밥 055-863-1672 화전로38번길 28-4
초심 | 수육백반 055-864-7544 화전로38번길 27
미소담 | 생선구이 055-864-1655 화전로 152
모퉁이분식 | 돌솥밥 055-863-1026 망운로 10번길26
장복식당 | 정식 055-863-2960 화전로95번길 2

03
육고기

보물섬 남해군의 대표적인 축제가 남해 마늘·한우 축제일만큼 남해 사람들의 한우 사랑은 각별하다. 화전 한우, 보물섬 한우 등 남해를 상징하는 이름을 붙이고 전국 경매장에서도 좋은 평가를 받고 있다. 한우로부터 시작된 고기 사랑이 자연스레 한돈(豚)으로 이어진 듯하다. 남해읍에는 지글지글 갈비나 삼겹살에 소주 한 잔 생각나게 하는 화랑갈비처럼 단골이 넘쳐나는 고깃집도 많다.

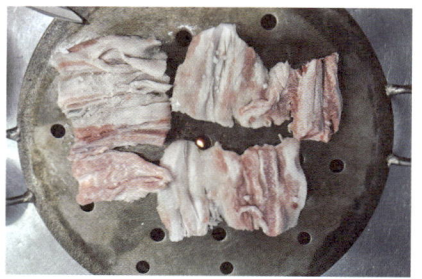

화랑갈비

화랑갈비 | 돼지생갈비 055-864-2360 화전로38번길 21-1
가천숯불갈비 | 한우 055-862-6465 화전로 65-3
무쇠왕솥뚜껑삼겹살 | 삼겹살 055-864-0533 화전로96번나길 1
불막열삼 | 막창 055-863-7766 화전로38번길 26
회나무뒷고기 | 덜미살 055-863-0885 화전로38번길 23-1
춘천닭갈비 | 닭갈비 055-862-9908 화전로38번길 30-1
대구연탄막창구이 | 돼지막창 0507-1364-1989 화전로 123
영월목장 | 오겹살 0507-1352-9238 화전로 174
보물섬남해한우프라자 | 갈비살 055-863-9292 스포츠로34

04
중국 음식

인구 대비 중국음식점이 많은 것처럼 느껴질 정도로 남해읍 곳곳에는 중국음식점이 자주 보인다. 하지만 각각의 집마다 면발의 굵기와 해물 베이스가 달라 각자의 선호도가 있는 중국음식점이 제각각이다. 또한 모임을 할 수 있는 공간인지 배달을 어디 지역까지 해주는가도 집집마다 차이가 있다. 남해읍 외곽 마을인 선소마을이나 소입현, 평현마을 등 사는 곳에 따라 단골집이 달라질 수 있다.

화통

화통 | 유니짜장 055-863-9896 망운로 27 2층
샹하이 | 쟁반짜장 0507-1341-7679 스포츠로 74
양자강 | 해물고추짬뽕 055-863-0164 화전로43번길 7
바른짬뽕 | 바른짬뽕 055-864-8081 화전로 58-2
생생반점 | 잡채밥 055-864-3181 화전로 157
청포반점 | 짬뽕비빔밥 남해읍 화전로 144
부일반점 | 짜장면 055-864-2873 화전로122번가길 14

05
카페 & 브레드

남해의 특산품을 알리기 위해 유자, 단호박, 시금치 등을 빵이나 음료로 내놓은 베이커리들이 많다. 로컬푸드 편집숍과 기념품, 프리미엄 어묵을 판매하는 카페 '바래온'도 핫플이고, 문화와 예술을 연결하는 카페와 전시관을 갖춘 '돌창고', 한옥을 개조하여 청년들의 소통공간과 지역민의 전시를 만날 수 있는 '청년센터 바라'도 커뮤니티 카페 역할을 톡톡히 하고 있다. 행복베이커리의 유자카스테라와 시금치 빵은 전국으로 소문난 맛있는 빵이다. 겨울 남해를 여행한다면 따뜻한 커피와 빵을 꼭 맛보길 추천한다.

동네커피

카페 라떼떼 | 베이글 0507-1348-0009 화전로78번길 19
동네커피 | 동네라떼 0507-1361-0874 망운로 1
파밀리아 | 디저트케이크 0507-1458-3604 망운로 20
카페 아몬드 | 흑임자라떼 055-864-2398 화전로59번길 24
필즈커피 | 필즈크림커피 055-954-9808 화전로96번나길 27-9
제이라운지 | 샌드크림빵 055-864-8249 화전로78번길 3
행복베이커리 | 유자쌀만주, 시금치비스켓슈 055-864-8249 화전로 87

06 남해 별미

남해의 식재료를 활용해 각양각색의 별미를 만들어 내는 식당도 소개한다. 돈가스와 피자 등 젊은 여행객들도 좋아할 수 있는 별미를 꼭 집어 소개한다.

효야네 삼계탕

큰별돈까스

화덕안 | 파스타,화덕피자 055-862-8611 화전로 65-6
정식당 | 전복솥밥 055-862-2888 화전로122번가길 7
큰별돈까스 | 경양식돈까스 0507-1490-0274 화전로38번길 9
효야네 삼계탕 | 삼계탕 055-864-3168 망운로9번길 1
아구마을 | 아구찜 055-863-3230 화전로38번길 28
언니네 | 언니김밥 055-863-2873 남해읍 화전로 65-9

07 남해읍 외곽 맛집

남해읍에서 살짝 벗어난 외곽에도 소문난 맛집이 많다. 쇠섬레스토랑&카페는 바다가 출렁이는 전망이 좋고, 선소횟집은 선소항의 분주한 어선들이 오가는 모습과 항구의 낭만을 배경으로 싱싱한 활어와 제철별미를 맛볼 수 있다. 암소한마당은 한우와 고기가 가득하다. 바다와 자연을 배경으로 여유와 별미를 맛볼 수 있는 외곽은 식당의 단체나 가족 단위에 안성맞춤이다.

코비

피자피네 | 두부리코타피자 파스타 0507-1430-4788 남해대로 2951-129
코비 | 스파게티 돈가스 070-7759-3427 당넘로217번길 28-3
암소한마당 | 한우스페셜 055-863-9999 강진만로 200-6
선소횟집 | 생선회덮밥, 물회 055-864-2077 선소로 176
섬마을해물칼국수 | 해물칼국수 055-863-3688 스포츠로105번길 3-4

SEASONS ISSUE : 해넘이 & 해맞이 명소

잘 가요 2023,
만나요 2024

또 한 해가 지나간다. 2023년 아쉬웠던 순간도 있었고 열심히 살아온 자신이 대견했던 적도 있었다.
붉은 바다를 향해 아쉬움을 토로하고 솟구치는 해를 보며 2024년의 힘찬 희망을 설계해 보는 것은 어떨까?
한 해를 시작하는 데 남해만큼 좋은 곳이 또 어디 있을까?

● 여행팁

주소 남해군 남면 임포리

해 를 품 는 바 다
사촌해수욕장

야트막한 야산들이 해안을 둘러싸고 있는 해변으로 백사장이 곱고 부드러워 바람이 불면 모래가 밀가루처럼 흩날리는 것이 특징이다. 300년 수령의 해송이 마을을 보호하고 있다. 이곳의 최고는 해넘이로, 바다 건너 여수로 넘어간다. 해가 넘어가면 호수 같은 바다는 온통 노을빛으로 물들게 되는데 해변을 거닐며 산책하기에 그만이다. 해가 넘어가면 여수 야경이 바통을 이어받는다.

바다 위를 걷는 기분
설리스카이워크

설리스카이워크는 주탑 높이만 36.3m 비대칭형 교량이다. 바다를 향해 돌출된 지형이어서 유리 바닥 위에 서면 발밑이 온통 바다다. 송정솔바람해수욕장은 물론 저 멀리 금산과 보리암까지 볼 수 있으며 바다 건너는 여수 돌산도. 해질 무렵이 되면 전망대로 사람이 몰리기 시작하는데 높은 언덕에서 내려다보는 노을 풍경이 황홀하다. 올망졸망 섬들 사이로 고깃배가 분주히 움직인다.

◎ **여행팁**
주소 남해군 미조면 미송로303번길 176

> 여행팁

주소 남해군 삼동면 죽방로 24

심장이 뜨거워지는
지족 노을

남해와 창선을 연결하는 창선교에 서면 망운산으로 해가 넘어간다. 하늘과 바다가 불타오르는 명품 노을이다. 지족해협은 죽방멸치와 미역으로 유명한데 물살이 세 물소리가 강렬하다. 특히 학익진을 펼친 듯한 죽방렴은 노을을 배경 삼아 그림 같은 풍경을 선사한다. 남해읍 쪽으로 해변 드라이브를 하면 섬 2개가 나란히 놓여 있는 장구섬이 나타나는데 이곳 역시 일몰 명소다. 물이 빠지면 갯벌은 온통 황금빛이다.

소원 품은 남해 금산
보리암 해맞이

남해 금산은 아름답기도 하지만 영험한 산으로 손꼽힌다. 기암괴석이 산 전체를 두르고 있어 금강산을 빼닮았다 하여 소금강이라 불린다. 태조 이성계가 이 산에서 백일기도 끝에 조선 왕조를 개국하게 되었다니 더욱 신성하게 보이는지도 모른다. 한 가지 소원은 반드시 들어준다는 기도 명소 보리암은 일출 포인트로 멀리 다도해의 섬이 점을 찍어 놓은 듯한 풍경이 펼쳐진다. 가슴 떨리는 장면이다.

☀ **여행팁**
주소 남해군 상주면 보리암로 665

☀ 여행팁
주소 남해군 미조면 미조리 841

활기찬 생의 미소
미조항 해맞이

미조항 방파제에 서면 두미도 욕지도 일대 바다에서 떠오르는 해를 감상할 수 있다. 새벽에 분주히 움직이는 어선을 카메라 앵글에 놓고 찍으면 활기 넘치는 사진 한 컷은 건진다. 미조항에서 설리 가는 해안 길인 미송로에서 내려다본 일출도 장관이다. 미조항과 방파제가 만들어 내는 멋진 그림을 감상하며 희망을 써 본다.

● 여행팁

주소 남해군 삼동면 동부대로1122번길 74-19

다정한 숲
물건방조어부림 해돋이

남해군 삼동면 물건리에는 물건리방조어부림이란 다정한 숲이 있다. 해안을 따라 완만한 곡선을 그리며 든든한 녹색 띠를 이루고 있다. 이 숲의 역사가 무려 300년. 바닷가에 나무를 심어 풍랑을 막고 녹색을 좋아하는 고기떼를 끌어들이고자 조성했다. 해변은 조약돌. 아침 햇살이 비치면 보석처럼 반짝인다. 바다 건너 수우도, 사량도, 두미도로 아침 해가 섬 사이로 솟아오른다. 근처 엘림마리나리조트에서는 요트와 방파제 사이로 일출을 감상할 수 있다.

HIDDEN SPOTS : 겨울 실내 여행지

겨울에도 따뜻한 복합문화공간

따뜻한 남해바다로 여행을 갔다가 감성 충전 제대로 즐기고 싶다면 복합문화공간을 찾아보자.
남해는 이터널저니를 비롯한 복합문화공간이 많다. 2023년 9월에 개관한 남해어린이도서관을 비롯한
재생사업 일환으로 탄생한 여행자플랫폼 남해각과 스페이스 미조 등 여러 문화공간이 있다.
장소에 따라 다양한 문화체험이 가능하다.

남해 화전어린이도서관

남해읍에 남해군 최초로 어린이도서관이 생겼다. 2023년 9월 4일에 공식 개관했다. 화전어린이도서관은 ㅁ자 모양의 건축물로 아이들이 창을 바라볼 수 있는 구조로 되어 있다. 중앙에는 정원이 자리하고 아이들이 자연과 어울릴 수 있는 공간이 들어서 있다. 화전어린이도서관은 화전도서관 내에 있던 어린이도서관을 확장시켜 만든 공간이다. 아이들에게 특히 인기가 많은 공간은 독서 계단이다. 이곳은 아이들이 자유롭게 책을 꺼내 앉아서 책을 읽을 수 있고, 부모와 함께 책을 읽을 수 있는 자리도 마련되어 있다. 일반 책뿐만 아니라 읽어주는 책, 영어책 등 다양한 책들이 많다. 또한 1층에는 키즈놀이방이 있어서 어린 영유아들이 신나게 놀 수 있는 공간이다. 비치된 도서도 어린이책과 초등서적으로 나눠져 있어서 아이들이 책을 쉽게 찾을 수 있도록 배려했다. 곳곳에 책도우미 직원들이 있어 아이들이 책읽기 도움을 받을 수 있다. 남해화전어린이도서관은 매주 화요일과 법정공휴일에 휴관하고 오전 9시부터 오후 6시까지 운영한다.

☀ **남해 화전어린이도서관**
위치 남해군 남해읍 망운로30번길 9

이터널저니

아난티 남해 내에 있는 복합문화공간이다. 이터널저니는 삶의 일부분인 여행, 철학, 인문, 식음, 예술에 대한 고찰과 다양해진 소비 욕구를 충족시키기 위해 부산, 남해, 가평 3개 지역에 만들어졌다. 1층에는 레스토랑과 식료품관이 있다. 평소에 쉽게 접하기 힘든 식료품들, 남해의 신선한 식재료로 만든 음식을 선보이고 있다. 한눈에 보이는 오픈 키친과 바로 앞에 펼쳐진 남해의 풍경이 눈과 입을 모두 충족시켜준다.

2층으로 올라가면 서점과 라이프스타일 편집숍을 즐길 수 있다. 치유와 영감이라는 콘셉트를 바탕으로 다양하고 새로운 도서, 작품, 아이템들로 채워져 있고, 아이들과 즐길 수 있는 키즈 존도 있다. 인문학적 즐거움을 더하는 서점과 40여 개의 브랜드 매장을 통해 '이터널저니' 만의 정체성을 함께 즐길 수 있다.

☀ **이터널저니**

위치 남해군 남면 남서대로1179번길 40-109
운영시간 09:00~22:00 1층 레스토랑 11:00~21:00 (20:30 주문 마감)
문의 1층 레스토랑&식료품관 055-860-0688
2층 서점&키즈존&라이프스타일 존 055-860-0689
주차 자체 주차장 이용

보물섬식물원

남해읍에서 자동차로 5분 거리에 연중무휴 상시 볼 수 있는 온화한 식물원이 있다. 남해군농업기술센터 바로 뒤에 보물섬식물원이 있다. 남해를 겨울 여행으로 계획 중이라면 무조건 방문해 보길 추천한다. 추운 겨울날에도 실내 데이트를 즐길 수 있고, 예쁜 꽃들과 정원이 아름답게 조성되어 있다. 식물원 내부에 다양한 포토존도 많다. 식물원에서 특히 인기가 많은 곳은 물의정원과 이끼정원이다. 이곳은 곳곳에 포토존이 있고 꽃들이 가득해 아이들이 특히 좋아한다. 그리고 식물원 입구에 있는 다육정원은 평소 보기 힘든 식물들과 열대식물이 가득하다. 신기한 다육이와 선인장을 배경으로 사진을 찍기도 좋다. 유리온실이어서 하늘이 훤히 보이고 온실 속에서 크는 식물들이 그림처럼 예쁘다. 남해 겨울여행 필수 코스로 추천한다. 보물섬식물원에서 따뜻한 햇볕과 향기로운 정원에서 데이트를 즐겨보자. 유리온실 1동, 부속관리동 1동, 야외정원으로 이루어져 있다. 유리온실에서는 다육식물 선인장 등 다양한 식물을 관람할 수 있고, 야외정원은 야생화와 화초류를 감상할 수 있다. 또한, 곳곳에 쉼터가 있어 가족 단위 관람이나 학생들의 견학 장소로 안성맞춤이다. 보물섬식물원은 평일뿐만 아니라 공휴일에도 항상 개방하고 있고 입장료도 무료다. 자세한 이용 문의는 남해농업기술센터로 하면 된다.

☀ **보물섬식물원**
위치 남해군 이동면 남해대로 2449-20
운영시간 09:00~17:30
문의 055-860-3937

남해탈공연박물관

남해탈공연박물관은 아이들과 함께 가면 좋다. 추운 겨울에도 실내는 따뜻하고 어린이라면 탈 만들기 체험도 가능하고, 2층 전시관에서 다양한 탈과 영상도 감상할 수 있다. 다양한 아시아의 탈이 기획 전시되고 있다. 인도네시아 그림자공연과 탈이 특별 전시되어 있고, 몽골, 중국, 티베트, 일본 등의 전통 탈이 테마별로 전시되고 있다. 공연은 한 달에 한 번 정도 열린다. 박물관 마당에서 공연하기도 하고, 전시관 안에서 인형극 같은 공연이 열리기도 한다. 원래 이곳은 초등학교를 개조해서 만든 공간이다. 그래서 넓은 잔디마당과 주차장이 있다.

☀ **남해탈공연박물관**
위치 남해군 이동면 남해대로 2412
운영시간 09:00~18:00
문의 055-860-3790
가격 입장료 성인 2,000원, 청소년 1,500원, 어린이 1,000원

NAMHAE TRAVEL : 골목여행 스페셜

남해의 숨겨진 매력 가득
구석구석 골목 산책

남해의 겨울 여행에 낭만을 더하고 싶다면 숨겨진 골목 산책을 즐겨 보자.
정겨운 남면 엄마길, 멋진 바닷가 숲길 산책을 즐기는 장항숲 거리와 서상숲길,
레트로 감성이 가득한 지족 구거리까지 한적하고 색다른 여행 감성을 충전할 수 있다.

01
어머니의 마음
남면사무소 앞 엄마길

남해 지도를 보면 본섬 모양이 엄마가 아기를 안고 있다. 자식을 향한 어머니의 사랑은 참으로 따사로운데 그런 마음처럼 따스한 거리가 있다. 남면사무소 앞, 일명 '엄마길'이다.

엄마가 정성스럽게 차려 준 것 같은 주란식당의 오봉밥상. 남해의 식재료로 만든 백반 한 끼면 든든하다. 칼국수로 유명한 홍덕정은 특히 해물파전이랑 곁들이기 딱 좋다. 빛바랜 간판을 가진 옛날 다방에서 다방 커피를 홀짝 마셔도 좋겠다. 젊은 세대들이 엄마길을 찾는 이유는 포토존이 될 만한 가게들이 많아서다. 그중 하나인 카페 백년유자는 남해 대표 먹거리인 유자 음료를 시음할 수 있다. 창가 자리와 보름달이 대표적인 포토존. 대충 찍어도 인생샷 한 컷은 건진다. 정갈한 고택의 분위기가 물씬 풍기는 앵강마켓은 고풍스러운 건축미가 뛰어나며 빈티지 테이블과 가구가 여백의 미를 강조했다. 가장 인기 있는 자리는 정원을 바라볼 수 있는 창가 자리다. 이곳의 시그니처 메뉴는 보리 커피로 팥양갱, 유자양갱과 곁들여 먹으면 더없이 좋다. 산뜻한 하늘색 외관이 인상적인 브레드멜은 멸치빵과 마늘빵을 맛볼 수 있는 빵집이다. 남해 대표 특산물인 죽방멸치와 마늘 모양을 본떠서 만든 빵으로 매일 한정 수량만 구워 낸다.

백년유자 옆 사잇길로 올라가면 홍덕정원이 나온다. 대숲이 뻗은 길이 산책 삼아 찾기 좋다. 끄트머리에 율곡 이이의 향약을 계승하고 제례를 위해 세운 사당인 율곡사가 자리하고 있으니 함께 거닐기 좋다.

☀ **골목팁**
시작점 남해군 남서대로 778 남면사무소
전화 055-860-8251

02

장항숲 거리에 더해진
서상숲길 이색 공간

☀ **골목팁**

장항숲 더 풀 ~ 카페 별아라
서상숲 때깔로무역 ~ 럭키젤라또

남해의 매력 중 하나가 바닷가의 마을 숲이다. 마을 사람들의 쉼터가 되고 바람과 파도를 막는 방풍림 역할까지 한다. 돌탑 2기는 마을 사람들이 소원을 담아 세웠고 2022년 남해군 방문의 해 상징 조형물도 바다를 바라보고 있다. 50년생 이상의 소나무가 자라고 있으며 바닥은 올망졸망 자갈밭으로 해 질 무렵 노을이 아름답기로 소문났다.

오늘날 핫플이 된 장항숲 거리의 첫 출발이 된 카페 헐스밴드. 논-뷰로 SNS핫플로 등극한 이곳에서는 페루산 유기농 커피와 화덕 피자를 맛볼 수 있다. '바다에서 제일 가까운 사진관'으로 피력하는 '파라다이스 베이'에서는 MZ세대들이 열광하는 인생네컷을 찍을 수 있어서 인기다. 옛 수영장을 개조한 수제버거집 '더풀(the pool)' 옆 '남해에서 만나는 인도'를 슬로건으로 건 '남해스떼'에서는 인도에서 살았던 주인장이 인도풍 소품과 의류를 판매하고 있다.

일행 중 아이가 있다면 장항숲에서 북쪽으로 걸어가면 만날 수 있는 서상스포츠파크를 추천한다. 야구장과 축구장, 놀이터는 물론이며 스포츠파크호텔 내 키즈 카페를 들렀다가 정원 산책을 해도 좋다. 야외 조각 전시를 보다가 개울 하나를 건너면 서상숲이 펼쳐진다. 소나무 숲을 따라 펼쳐진 이국적인 풍경이 시선을 사로잡는다. 베이지색 건물 3채가 이웃처럼 마주하고 있는 비현실적인 풍경. 타코와 잠봉파스타를 맛볼 수 있는 하몽을 파는 정육점이자 생활 기념품 숍인 '때깔로 무역'과 미국에서 남해로 온 부부가 운영하는 '더 코브'는 아메리칸 스시롤 전문점이다. 유자와 피스타치오 등 원재료가 좋은 젤라또를 판매하는 '럭키웨더젤라또'까지 서상숲 속 이색 공간이 반갑다.

03
여행자들의 시간을 멈추게 하는
지족 구거리

☀ **골목팁**
시작점 남해군 삼동면
동부대로1876번길 10, 삼동우체국

낭만적인 여행자들이 즐겨 찾는 지족 구거리는 삼동우체국부터 끄트머리 지족반점까지 쭉 이어진 350m 대로변이다.
길을 따라 올망졸망 이어진 가게들은 줄 서서 먹는 맛집부터 여행자들이 즐겨 찾는 여러 공방에 동네책방까지 무려 2곳이나 있어 거리 자체가 매력적이다.
오즈카페와 단골식당과 더불어 통통한 갈치구이와 멸치쌈밥으로 대기 줄을 쉽게 볼 수 있는 우리식당이 초입에서 먼저 반겨준다.
이어 친절하고 정갈한 찌개로 유명한 마루옥과 담백한 간에 제철 식재료가 어우러진 백반으로 사랑받는 유미옥이 대로를 사이에 두고 공존한다.

백반 맛집에 이어 여행자들의 걸음을 멈추게 하는 매력적인 공간 또한 여럿이다.
여행자라운지를 자처하는 '트리퍼', 손재주가 남다른 주인장이 빚어낸 일상의 풍경 소품이 가득한 '공동작업장'에서 만나는 계절 셔벗과 유자 초콜릿이 반갑다.
'아마도 책방'과 '밝은달빛서점'은 대로를 사이에 두고 각자 다른 매력적인 책방으로 사람들을 반기며, 미국에서 살다 온 공방 주인의 감각이 살아있는 비누 공방인 '뜻밖의 수확'은 제품 구경을 하는 것만으로도 알록달록 기분이 환해진다.
팥파이와 팥빙수 등 팥의 모든 것을 만날 수 있는 맛있는 집, '팥파이스'와 독특한 경관의 소품가게 '초록스

토어' 사이에 있는 지족시장까지 걸어가 보자. 구석구석 발견의 기쁨이 가득한 지족구거리의 매력에 반할 것이다.

지족 구거리는 또한 **독일마을**까지 **차량 15분** 정도 걸리는 삼동면 면 소재지가 있는 곳으로 **9곳**의 음식점, **4곳**의 카페, **7곳**의 서점/공방/SHOP, **8곳**의 주민 생활가게와 지족 시장, 행정·복지·편의시설 등이 나즈막하고 아담하게 담겨 있습니다. :)

안내도를 사진에 담아서 더 알차고 즐겁게 여행하세요 ♥

※ 안내도의 이미지 데이터가 필요하신 분은 구거리 **상인 자치 모임** 또는 **초록스토어**로 연락주세요. :)

MOVIE TRAVEL : 영화 〈노량 : 죽음의 바다〉

이순신 장군의 마지막 불꽃

영화 〈노량_죽음의 바다〉 그 현장을 찾아서

이순신 장군을 주제로 한 영화 〈명량〉, 〈한산〉에 이어 3번째이자 종결편인
〈노량_죽음의 바다〉가 개봉했다. 퇴각하는 왜군을 완벽하게 섬멸한
이순신 장군의 최후의 전투를 생생하게 그려 내고 있는데
그 현장이 바로 남해대교와 이순신바다공원 일대다.
노량해전의 배경과 치열하고도 가슴 벅찬 전투현장을 찾아보자.

임진왜란의 주범 도요토미 히데요시가 갑자기 죽자 일본은 퇴각을 결정한다. 한편 사천성 전투에서 시마즈(백윤식 분)는 왜군 7천 명으로 4만 명의 조명연합군을 물리쳤고 칠천량해전에서 조선함대를 물리친 최강자로 기세가 등등했다. 이들은 순천왜성에 고립된 고니시를 구하고 본국으로 가기 위해 출전을 감행한다. 이때 이순신(김윤석 분)의 비장한 목소리가 들린다.

"반드시 놈들을 열도 끝까지 쫓아서라도 기어이 완전한 항복을 받아내야 한다."

적선의 규모는 무려 500여 척. 조선의 수군은 판옥선을 포함하여 약 80척. 그러나 명나라 함선도 200척. 양쪽의 전력이 비슷해 물러날 수 없는 한판이다. 이순신 장군의 마지막 작전 회의 "남해 노량에서 적들을 맞이할 것이요."

노량에서 시마즈 왜군을 먼저 격퇴하지 않으면 순천의 고니시 왜군에게 협공을 당할 수 있으므로 어쩔 수 없는 선택이다.

1598년 11월 19일. 새벽 2시. 사천을 떠난 시마즈 함대는 오늘날 남해대교가 있는 노량해협을 지나가게 된다. 조명연합군은 이곳에 매복해 야간 기습공격을 감행한다.

이순신 장군이 주로 쓰는 병법인 원거리 발포가 아니라 야간 근접전을 벌인 것이다. 그야말로 죽기 살기로 달라붙었다. 한 명이라도 더 죽여 왜군들이 본국으로 돌아가지 못하게 하는 것이 장군의 마지막 소원이었다. 바람도 조선 편. 겨울 북서풍이 불어 일본의 배가 불길에 휩싸이자 노량해협을 빠져 나와 남쪽으로 향할 수밖에 없었다. 그곳이 바로 관음포. 왜군은 그곳이 너른 바다인 줄 알고 들어갔지만 관음포만이었다. 그야말로 독 안에 갇힌 쥐였다. 마지막 목숨줄을 끊을 수 있는 절호의 기회. 이순신 장군은 북을 치며 총공세를 명하고 적진에 뛰어든다. 왜군은 탈출하기 위해 발악을 하는데 이때 왜군의 흉탄이 이순신 장군의 가슴을 관통한다.

"싸움이 급하니 내 죽음을 알리지 마라"

조선 수군은 다시는 왜군이 조선 땅에 발을 들여놓지 못하겠다는 심정으로 싸웠다. 기나긴 전투가 끝났다. 왜선 500여 척 중에 50여 척만 살아 돌아갔으니 엄청난 승리였다. 이렇게 7년의 임진왜란은 종말을 고했지만, 우리에게는 구국의 영웅 이순신 장군을 잃고 만다. 조선의 역사상 이렇게 극적이고 안타까운 전투가 또 있을까? 영화 속 감동과 여운을 되새기고 싶다면 남해의 노량의 현장을 가보라.

역설적이지만 지금은 너무나 평화롭고 조용한 관음포다. 장군의 죽음 덕에 우린 평화를 얻었다. 이락사 입구에는 '전쟁이 급하니 나의 죽음을 알리지 마라'는 입석이 서 있다. 그 뒤쪽이 이락사. 거룩한 별인 이순신이 떨어진 곳이라는 의미다. 현판은 박정희 대통령의 친필 글씨다.

800m 길이의 육지가 바다로 툭 튀어나왔는데 그 끝자락에 바다를 조망할 수 있

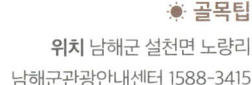

위치 남해군 설천면 노량리
남해군관광안내센터 1588-3415

는 첨망대가 서 있다. 누각의 그 앞바다가 동북아 최대 해전인 노량대첩의 현장이며 또한 이순신 순국의 바다. 충무공 이순신 장군님이 돌아가신 뒤 이순신이 떨어진 갯가라 하여 갯가포(浦)를 써서 이락포라 불렀다고 한다.

이락사를 빠져나오면 거북선 모양을 한 이순신영상관이 자리하고 있다. 3D 돔형 입체영화관으로 노량해전의 해상전투 과정을 웅장하고도 실감 나게 감상할 수 있다. 더 안쪽으로 들어가면 이순신바다공원.

광장에는 판옥선 모양의 석조물이 서 있고 한가운데에 이순신 장군의 동상이 바다를 응시하고 있다. 최고의 볼거리는 높이 5m, 길이 200m의 대형 도자기 벽화다. 가로 50cm, 세로 50cm 네모난 도자기를 3천797장을 구워 일일이 붙여 벽화를 완성했는데 세계 최대 규모란다. 가마에 구우면 도자기가 변형되고 뒤틀리기에

그 2배가 넘는 8천 장 넘게 도자기를 구워내야 할 정도로 고된 작업이었다고 한다. 벽화는 출정, 승리기원, 전투, 순국 등 노량해전의 모습을 담고 있으니 가슴 벅찬 장면을 그려보기 딱 좋은 장소다. 순국의 벽 뒤쪽 공원에는 충무공과 임란에 대한 생생한 스토리를 만날 수 있다. 이순신 장군의 칼 조형물뿐 아니라 총알에 뚫린 심장 등 장군의 죽음을 의미하는 상징물이 전시되어 있다. 참 조망데크에서 바라본 해넘이도 좋다.

남해대교 옆에 위치한 충렬사는 전사한 이순신 장군의 시신을 모셨던 곳으로 지금은 가묘가 조성되어 있다. 이충무공 묘비는 우암 송시열이 짓고, 송준길이 썼다고 한다. 충렬사 아래 바다로 내려오면 거북선을 복원해 놓아 관람할 수 있다. 그 뒤로 노량해협이 유유히 흘러간다.

산, 바다, 길, 마을,
사람이 꽃 피는 여행의 마침표
'남해로 오시다'

조영호(남해관광문화재단 본부장)

남해는 새가 바다를 본다. 왜가리, 고니, 백로.

남해는 바다가 호수다. 강진만, 앵강만, 동대만.

남해는 산이 바다를 본다. 금산, 망운산, 설흘산.

남해는 섬이 바다를 본다. 조도, 호도, 쇠섬.

남해는 섬이 꽃이다. 섬이 꽃밭, 정원이다. 사람도 꽃이 된다.

남해는 바다를 '꽃바다', 노을은 '꽃노을', 구름은 '꽃구름', 물빛은 '꽃빛'이라고 한다. 남해 사람들은 남해를 한 점 꽃 같은 섬, 꽃처럼 불렀다. 남해의 봄은 꽃으로 화사하고, 여름은 푸르고 시원하다. 가을은 진한 단풍에 이야기가 깊고, 겨울은 초록빛으로 따뜻하다.

남해는 꽃이 섬이 되고, 길이 정원을 이룬 곳이다. 마을과 마을이 사람과 사람, 바래길로 이어져 있다. 79개의 섬과 섬이 이어져 남해를 마주 본다. 남해에서 보는 바다는 망망대해가 없다. 호수처럼 잔잔하다. 산과 바다가 맑고 포근하다. 쪽빛 바다, 은빛모래, 몽돌 구르는 남해는 전체가 시가 되고, 이야기가 되고, 그림이 된다. 남해에 오면 누구나 시를 쓰고, 주인공이 되어 꽃을 피운다. 남해에 오면 사람도 꽃이 된다. 여행자와 현지인도 대한민국 최고의 바다, 여행지로 남해군을 꼽는다. 2022년 기초지자체 바다·해변 여행 자원 추천율 1위가 남해다. 물미해안도로, 상주은모래비치, 앵강만, 동대만, 강진만, 해안과 바다가 구불구불 아름답다. 봄·여름·가을·겨울, 남해를 찾는 여행은 남해대교, 남해각이 시작과 끝이다. 남해를 제대로 알고 싶다면 남해 바래길을 걸으면 된다. '바래'는 바닷물이 빠질 때 갯벌에 나가 파래·조개·미역·고둥 등을 채취하는 작업을 뜻한다. 남해 여성들이 생계를 위해 바다가 열리면 해산물을 채취하였다고 하여 '엄마의 길'이라고도 한다. 남파랑길과 만나 걷는 사람도 반갑다.

꽃 피는 봄, 남해는 대국산성 왕벚나무가 한들한들 노래하고, 바다와 맞닿은 왕지 해변에 꽃이 핀다. 망운산 철쭉은 남해읍을 감싸 꽃 대궐을 만든다. 앵강다숲에서 앵강만, 서면의 꽃노을을 보고, 금산 보리암에서 상주은모래비치 바다와 섬을 이야기한다. 동대만 초록빛 고사리 밭길을 걸으면 이탈리아 토스카나 발도르차 평원이 생각나고, 독일마을에서는 유럽이 만난다.

남해의 여름은 맑고 깨끗하다. 뜨거운 여름 햇살도 그늘만 있으면 시원하다. 하늘은 푸르고 바다는 코발트 색이다. 노을은 붉고 진하다. 지중해를 닮았다. 남해의 여름은 고불고불 해안선처럼 아름답다. 여름이 오면 해안도로는 빛이 난다. 앵강만에서 상주은모래비치로 이어지는 해안도로, 물건항에서 미조항까지 연결된 물미해안도로는 그 빛의 중심이다. 죽방렴 멸치가 반가워 튀어 오른다.

가을이 오면 남해는 노랑, 빨강, 황금이 반긴다. 구불구불 주렁주렁 노란 유자가 먼저 가을을 탄다. 그 길이 남해의 가을이다. 남해의 붉은 가을은 금산에 먼저 온다. 조선 태조 이성계의 100일 기도 꿈이 단풍처럼 잘 익어 비단이 되었다. 남해의 가을은 황금빛이다. 황금빛 가을은 바래길 곳곳에 주렁주렁 달려 있다. 맥주축제로 빛나는 독일마을과 물건방조어부림 들판도 맥주를 닮아 황금색이다. 맥주도 맛도 미소처럼 달콤하다.

남해는 겨울에도 초록이다. 초록빛 겨울이다. 들판도 초록 초록, 바다는 푸름 푸름이다. 싱싱한 겨울이다. 어쩌다 눈이라도 내리면 남해는 한 폭 그림이 된다. 겨울 남해는 밥상도 초록으로 물든다. 보물초 시금치가 바다와 만나 초록 초록 달고 아삭하다. 겨우내 뿌리 내린 마늘은 남해를 초록으로 돕는다. 시금치와 마늘이 만나 남해는 초록빛 겨울이 된다.

남해에 오면 역사 속에 엄숙해진다. 이순신 장군이 보고 싶고 그립다. 위대한 승리, 노량해전의 바다가 남해다. 이순신 장군의 바다가 남해를 품고 있다. 고령대장경 판각지, 관음포 해전으로 고려를 구하고, 노량해전으로 조선을 지킨 바다가 남해다.

남해를 알고 싶으면 남해디지털관광주민증으로 남해 DMO(지역관광추진조직)를 만나면 된다. DMO에는 남해각, 남해사람, 남해물건, 남해스토어, 남허이야기, 남해정보 등 남해의 모든 것이 다 있다.

사람이 보고프면 남해 외갓집 마당스테이를 찾으면 된다. 뜨겁게 달군 불판에 삼겹살에 시금치라도 구우면 남해 여행은 더 맛있어진다. 맛도 향도 더해져 남해의 찐팬이 된다. 남해는 생각만 해도 여행이 시작된다. 남해는 설렘이 있다. 즐거움이 있다. 나를 위한 남해. 남해는 언제나 쉼표다. 여행의 마침표다.

남해관광 안내 정보

남해관광 콜센터(운영시간 10:00~17:00)   1588-3415
남해군 문화관광 홈페이지   www.namhae.go.kr/tour/
남해군 공식 블로그   https://blog.naver.com/namhae_gun
남해군 공식 페이스북   www.facebook.com/treasure.island.namhae
남해군 공식 인스타그램   www.instagram.com/namhaegun
남해군 공식 유튜브   www.youtube.com/user/namhaegun
남해문화관광 스마트채팅   www.namhae.go.kr/SmartChat/chat.html

남해관광문화재단   055-860-3690 / https://namhaetour.org
여행자 플랫폼 남해각   055-864-1905 (09:00~18:00, 화요일 휴관)
남해관광문화재단 공식 블로그   https://blog.naver.com/with_ntcf
남해관광문화재단 공식 인스타그램   www.instagram.com/travelnamhae

꽃섬 남해

초판 1쇄 | 2024년 3월 11일

글과 사진 | 남해관광문화재단

발행인 | 유철상
기획 | 남해관광문화재단 미래콘텐츠사업팀 강영자
편집 | 김정민, 김수현
디자인 | 주인지, 노세희
마케팅 | 조종삼, 김소희
콘텐츠 | 강한나

펴낸 곳 | 상상출판
주소 | 서울특별시 성동구 뚝섬로17가길 48, 성수에이원센터 1205호 (성수동 2가)
구입·내용 문의 | **전화** 02-963-9891(편집), 070-7727-6853(마케팅)
팩스 02-963-9892 **이메일** sangsang9892@gmail.com
등록 | 2009년 9월 22일(제305-2010-02호)
찍은 곳 | 다라니
종이 | ㈜월드페이퍼

※ 가격은 뒤표지에 있습니다.

ISBN 979-11-6782-189-8 (13980)

© 2024 남해관광문화재단

※ 이 책은 상상출판이 남해관광문화재단과의 계약에 따라 발행한 것이므로
  본사의 서면 허락 없이는 어떠한 형태나 수단으로도 이용하지 못합니다.
※ 잘못된 책은 구입하신 곳에서 바꿔 드립니다.

www.esangsang.co.kr